ABJURATION
DU
LUTHERANISME
Par Madame la Princesse
ELEONOR CHARLOTTE
DE WIRTEMBERG-MONTBELIARD,
DUCHESSE D'OLSS EN SILESIE,

Dans l'Eglise de l'Abbaye Royale de Maubuisson,
entre les mains du Pere D * * * Prêtre de
l'Oratoire, le 3. Aoust 1702.

A PARIS,
Chez PIERRE EMERY, Quay des Au-
gustins, au coin de la ruë Gilles-Cœur,
prés l'Hôtel de Luynes, à l'Ecu
de France.

M. DCC III.
Avec Approbation & Permission.

ℓ 317

ABJURATION
DU LUTHERANISME,
PAR MADAME
LA PRINCESSE
ELEONOR CHARLOTTE
DE WIRTEMBERG-MONTBELIARD
DUCHESSE D'OLSS
EN SILESIE,

Dans l'Eglise de l'Abbaye Royale de Maubuisson, le 3. Aoust 1702.

SI le merite singulier des personnes qui renoncent aux prétenduës Reformes de Calvin ou de Luther ; si les triomphes de la Gra-

A

ce dans la maniere dont elles
ont embrassé la Religion Catholique , Apostolique - Romaine ; si la bonne foy & la
droiture de cœur dans une action de cette importance, sont
des motifs d'en faire part à tout
le monde : pourroit - on sans
faire tort à la verité & au bien
public, taire le retour de Madame la Princesse de Wirtem-
berg-Montbeliard dans la Religion de ses Ancêtres ?

Rien que de tres-illustre dans
son sang & dans ses alliances. Elle est Coligny du côté maternel,
petite - fille du Maréchal Duc
de Châtillon, & tient par cet
endroit à tout ce que nous avons
en France de plus grandes &
de plus anciennes Maisons. Du
côté paternel, elle est Wirtemberg - Montbeliard, petite - fille

du Prince Loüis Frideric Duc
de Wirtemberg , Comte de
Montbeliard , qui avoit épousé
la Princesse Anne Eleonor Duchesse de Wirtemberg , Com-
tesse de Nassau ; & par là nôtre
Princesse se trouve parente au
quatriéme degré de l'Imperatrice , & de quatre Rois ; le
feu Roy d'Angleterre , le Roy
de Pologne , le Roy de Suede ,
& le Roy de Danemarc , sans
compter ses autres alliances
avec les Maisons Electorales , &
avec tous les plus grands Princes de l'Empire , les Landgra-
ves de Hesse , les Princes d'An-
halt & de Brunsvvic , les Ducs
de Holstein , de Zel , de Wol-
fembutel , de Mexlebourg , de
Lunebourg , de Neubourg , &c.
La Princesse avoit épousé son
cousin le Prince Sylvius Frideric

Duc de Wirtemberg & d'Olss
en Silefie. Prince que la mort
luy enleva aprés plufieurs années de mariage , & dont la
perte luy fut d'autant plus fenfible , qu'elle avoit trouvé en luy
toutes les plus rares qualitez
qui font & l'honnête homme &
le Heros. Veuve & fans enfans,
accablée de douleur & pleine
de foûmiffion aux volontez de
Dieu, la maladie preffante &
mortelle d'un pere pour qui elle auroit donné mille vies, la
fit partir en pofte de Silefie ,
pour fe rendre à Montbeliard.
Mais elle n'y arriva que pour
arrofer de fes larmes le cercueil
de ce pere fi tendrement aimé.
Toute fa confolation fut de
retrouver les éminentes & glo-
rieufes qualitez du pere dans
fon illuftre fils le Prince Leo-

pold Eberhard Duc de Wir-
temberg, Comte de Montbe-
liard, &c. feul Prince heredi-
taire de cette augufte Maifon,
unique frere de la Princeffe, &
qui luy fut toujours infiniment
cher.

Plufieurs affaires importan-
tes l'attirerent à la Cour de
Vienne. Elle y avoit déja
paru ; elle y étoit eftimée ;
On l'y revit avec joye ; & leurs
Majeftez Imperiales ne trouve-
rent rien à defirer en elle, que
de la voir Catholique, pour
être une Princeffe accomplie.
L'Imperatrice la mit aux mains
avec des hommes d'un rare fçavoir & d'une éminente pieté.
Sa Majefté donna fon appartement pour le lieu des Conferences ; elle s'y trouva toûjours, & jamais elles ne luy

parurent ny trop frequen-
tes, ny trop étenduës. Tant
elle avoit à cœur la con-
version d'une Princesse, qui
presque en se montrant s'at-
tiroit l'estime & le respect de
tous ceux qui avoient l'honneur
d'en être connus. Tout le monde joignoit ses vœux à ceux de
Sa Majesté Imperiale. Cependant l'heure du Seigneur n'é-
toit pas encore venuë. La Princesse aimoit la verité. Elle la
cherchoit de bonne foy. Elle
ressentoit avec une reconnoissance infinie le zele de l'Imperatrice pour son salut. Elle
souhaitoit avec une vraye
passion de pouvoir entrer dans
les sentimens de sa Majesté.
Mais dans un point décisif pour
son salut, tremblant devant
Dieu & craignant de luy dé-

plaire par complaifance pour des
têtes couronnées, pour qui d'ailleurs elle auroit facrifié jufqu'à
fa propre vie ; elle ne put fe refoudre à abjurer fon Lutheranifme avant que d'en bien reconnoître le faux. On n'oublioit rien pour le luy faire voir ;
mais Dieu permettoit qu'elle
eût encore des écailles fur les
yeux. Prévenuë par les impreffions de fa naiffance , feduite
par les difcours artificieux des
Miniftres , accoûtumée à regarder comme des veritez les
calomnies de Luther contre la
Religion Catholique , elle auroit voulu pouvoir, & ne pouvoit fe rendre à tout ce qu'on
luy difoit de plus fort & de
plus convainquant en faveur
de cette fainte & unique veritable Religion.

A iiij

Tout ne devoit être confommé qu'en France. Tout y appelloit la Princeffe; Madame la Marquife de Mailly fa chere coufine, ne ceffoit de luy en écrire, l'en preffoit par de vives raifons, luy offroit fon Hôtel pour la recevoir à Paris ; & n'oublioit rien pour l'engager à n'y point perdre de tems. Cependant il fembloit qu'elle ne pût quitter Montbeliard où elle étoit de retour : tant on eut de peine à la refoudre d'en partir. Mais enfin elle ceda aux inftances , elle accepta les offres de Madame fa coufine, vint en France, fe rendit à Paris & fut reçuë dans l'Hôtel de Mailly en Princeffe de fon rang, & comme une parente infiniment chere.

A peine fut-elle à Paris, qu'on y eut le même zele, le même

empreſſement qu'à Vienne, pour enlever à l'hereſie une ſi excellente Princeſſe. La Providence permit qu'elle tombât entre les mains d'un Prêtre de l'Oratoire, dont le Ciel avoit beni le Miniſtere dans de ſemblables occaſions.

Ce Prêtre de l'Oratoire eut l'honneur de voir ſon Alteſſe, il luy trouva tout le bon eſprit & toute la droiture de cœur qu'il pouvoit ſouhaiter pour en concevoir de bonnes eſperances ; mais il y trouva en même tems bien des montagnes à applanir, bien des obſtacles à ſurmonter. Il eut l'honneur d'en donner avis à ſon Eminence, Monſeigneur le Cardinal de Noailles Archevêque de Paris. Ce digne Paſteur du troupeau de Jeſus-Chriſt,

entra dans cette bonne œuvre
avec un zele Apoſtolique. Il
vint voir la Princeſſe & la
charma par ſon entretien plein
de pieté, d'onction & de force, joint aux manieres les plus
honnêtes, dignes de ſa naiſſance
& de ſon caractere. Il ſe re-
tira, en diſant à la Princeſſe que
bien ſûrement ſa maiſon étoit
beaucoup plus ancienne que ſa
Religion; qu'il alloit ſolliciter le
Ciel en ſa faveur, & qu'il eſ-
peroit la voir en peu de tems
une excellente fille de l'Egliſe.

Ce diſcours fut regardé comme une Prophetie, par le P.***
qui avoit eu l'honneur d'y être
preſent. Il retint tout ce que
ſon Eminence avoit dit en
abregé : & eut ſoin de l'expliquer en détail à ſon Alteſ-
teſſe dans pluſieurs longues &

& trés-ferieufes conferences.
La Princeffe auroit donné les
mains aux fortes raifons qu'on
avoit l'honneur de luy dire;
mais un nombre de Lutheriens
& de Lutheriennes de diftinction qui font à Paris, met-
toient tout en œuvre pour retenir une perfonne de fon rang,
dans le labyrinthe des mêmes tenebres où ils fe trouvent engagés.

Le P*** s'offrit d'entrer en
lice en prefence de la Princeffe,
avec ceux & celles, qui trom-
pés fans doute & feduits les
premiers, croyoient bien faire
en travaillant à la trompe, &
à la feduire. Afin que tout fût
fecret, il donna le choix pour
le lieu de l'entrevûë, il propo-
fa d'eftre feul de fon côté; il
poufla même la chofe jufqu'à
s'engager par écrit, bien fûr qu'il

n'avoit rien à craindre, d'embraf-
fer le Lutheranifme, fi on pouvoit luy montrer un feul arti-
ticle de la foy Catholique Apo-
ftolique-Romaine, contraire à
la parole de Dieu; s'offrant en
même tems, d'en faire voir un
grand nombre dans le Lutheranifme, purement imaginaires
& fans aucun folide fondement
dans cette trés-fainte & trés-
pure parole.

Aprés plufieurs remifes, plufieurs faux femblans de vouloir
accepter le parti, on jugea à
propos d'éluder. Comme la
Princeffe eft trés-éclairée, elle
vit ce qu'il faloit voir : mais
comme elle eft infiniment prudente, elle s'ouvrit peu fur ce
qu'elle en penfoit. Le P***
impatient de voir bien-tôt dans
la veritable Eglife de Jesus-
Christ

CHRIST une Princesse si propre à en remplir tous les devoirs, remit à son Altesse un billet contenant quatre questions, qu'il faisoit au plus sçavant des Lutheriens qui sont à Paris; persuadé que des questions si précises se trouvant sans aucune bonne & solide réponse, il n'en faudroit pas davantage pour jetter de trésviolens soupçons dans l'esprit de la Princesse contre la prétenduë reforme, dont on l'amusoit depuis si long-tems; d'autant plus que c'est la Princesse elle-même, qui par ses propres questions avoit donné lieu à celles-cy. On y a joint des Reflexions qui sembloient necessaires. Les personnes équitables jugeront du tout.

B

PREMIERE QUESTION.

ON demande fi J. C. a fait un precepte formel de communier fous les deux ef‑ peces ; en telle forte qu'il ne foit jamais permis aux Laïques de communier fous la feule efpece du pain,

REPONSE DU LUTHERIEN,

I. ON répond I. qu'il y a un précepte formel auffi‑ bien de la bibition Matt. 26. v. 27. que de la manducation v. 26, & fi l'un ne nous oblige point formellement à boire le vin , l'autre ne nous oblige non plus formellement à manger le pain, II. Celuy qui ordonne en ge‑ neral à ceux qui communient

à la table du Seigneur : beuvez,
faites cecy en memoire de
moy toutes les fois que vous
le boirez. 1. Cor. c. 11. v. 25.
veut aussi qu'on boive toutes
les fois qu'on voudra recevoir
ce Sacrement , lequel autrement ne seroit pas un Sacrement. III. S. Paul écrit audit
endroit aux Laïques de Corin-
the & leur inculque en particulier le commandement de
la bibition. IV. Un commandement general de la Commu-
nion sous les deux especes ,
qui regarde toute l'Eglise
Chrétienne , oblige en même
tems chaque membre & in-
dividu en particulier (*Quod*
præcipitur generi, præcipitur etiam
speciei & individuo) à moins
qu'on ne trouve des restrictions
expresses à cet égard. Ainsi ou

il faut montrer une institution
particuliere pour les Laïques,
ou il leur faut donner tout ce
qui est compris dans l'institution generale.

REFLEXIONS.

I. Uther assure qu'il n'y a
aucun commandement
de communier sous aucune espece, & que J. C. l'a laissé libre
à un chacun, *arbitrio cujuslibet
reliquit.* Le Docteur Lutherien
prétend le contraire : qui croi-
ra-t-on ? Le Docteur suppose
que Jesus-Christ a commandé
de manger le pain; mais en quelle
conscience ose-t-il faire dire à
J. C. ce que J. C. ne dit pas ?
J. C. dit : prenez & mangez,
cecy est mon Corps. Ce n'est
donc pas du pain que J. C.

*T. 2. p.
202. e-
dit. Ye-
næ 1600.*

donne à manger ; ou pour mieux dire, c'eſt, du propre aveu de Luther, un pain changé par J. C. en ſon propre Córps, *Verbo quo dicit : Hoc eſt Corpus meum, mutat in Corpus ſuum.* Suffit-il de publier qu'on ne s'attache qu'à la Parole de Dieu, & croit-on avoir acheté par cette vaine oſtentation, le droit de renverſer ainſi cette ſainte & divine Parole ? II. On nous renvoïe à ſaint Paul, 1. aux Cor. c. 11. v. 25. pour y lire; *Beuvez, Faites cecy en memoire de moy.* Nous liſons ce verſet, & nous y trouvons le premier mot, *beuvez,* ajoûté par le Doctcur. Du moins qu'il en rougiſſe & s'en corrige une autre fois. D'où tire-t-il que Jeſus-Chriſt veut qu'on boive toutes les fois qu'on voudra recevoir le Sacrement ? D'où tire-t-il qu'au-

T. 1. p. 451.

trement ce ne feroit. pas du
tout un Sacrement? Veut-il qu'on
l'en croïe fur fa parole? Ne craint-
t-il point que les fiens mêmes
n'en foient fcandalifez, & ne luy
trouvent des airs trop décififs ?
III. A en juger par les termes de
la réponfe : *S. Paul inculque en
particulier le Commandement de
la bibition ;* Ne diroit-on pas
qu'il y a du moins deux ou trois
fois : beuvez-en tous ? Pourroit-
on fe perfuader qu'il n'y foit
pas une feule fois ? D'ailleurs
pas un mot de Commandement,
qui ne foit conditionné à l'é-
gard de la *Bibition,* comme parle
le le Docteur Lutherien. Qu'on
prenne faint Paul , qu'on life
l'endroit , & que l'on fe difpen-
fe, fi l'on peut , de rendre juftice
à la verité. *Similiter & Calicem,
poftquam cœnavit dicens: Hic Calix*

Novum Teſtamentum eſt in meo
Sanguine. Hoc facite quotiefcum-
que biŀetis in meam commemora-
tionem. 1. Cor. cap. 11. v. 25.

IV. Un Commandement ge- "
ral de la Communion fous les "
deux eſpeces, qui regarde tou- "
te l'Egliſe Chrétienne, oblige "
dit-on, en même tems chaque "
membre & individu en parti- "
culier. D'accord. Mais où eſt-
ce Commandement general de
la Communion fous les deux
eſpeces ? Pourquoy fuppofer ce
qui eſt en queſtion ? Que diroit-
on d'un Docteur Catholique,
s'il en ufoit de même ? D'ailleurs
ne donne-t-on pas aux Laïques
tout ce qui eſt compris dans
l'inſtitution generale, puifqu'on
leur donne le Corps & le Sang
de Jefus-Chriſt fous la feule efpece du pain ? Que leur donnent

les Miniſtres ? du pain & du
vin, ne pouvant leur donner
autre choſe, par le deffaut de
caractere & de miſſion legitime,
comme il feroit aifé de le montrer, ſi la choſe n'engageoit à
une digreſſion trop étenduë.
Quel parti doit donc prendre
là-deſſus, quiconque voudra
conſulter de bonne foy les lumieres de la raiſon, & les principes de la Religion ?

II. QUESTION.

ON demande ſi la Doctrine
de la concomitance du
Sang de Jeſus-Chriſt avec ſon
Corps dans l'Euchariſtie, eſt
une Doctrine pure, ortodoxe,
& qui n'ait rien de contraire
à la foy ?

REPONSE DU LUTHERIEN.

LA Doctrine de la concomitance du Sang de Jesus-Chrift avec fon Corps à l'égard de l'omniprésence de la nature humaine de Jefus-Chrift, eft ortodoxe, & point contraire à la Foy. Mais à l'égard de l'Euchariftie, elle eft impure, point du tout ortodoxe,& entiérement contraire à la Foy, parceque la Foy,principalement dans lesMyfteres, ne doit jamais concevoir uniquement que ce que Dieu a promis:& comme nôtreSeigneur en donnant le pain, n'a promis que fon Corps, la Foy n'y peut pas efperer en même tems le Sang qui n'y eft pas promis. Outre que toute cette queftion eft refoluë par cette feule inftance, à fçavoir que la Nature divine étant unie auffi avec la nature humaine de nôtre Seigneur, par l'union perfonnelle, cependant cette union ne porte aucune concomitance de la Nature divine avec le Corps & le Sang dans le faint Sacrement.

R E F L E X I O N S.

L'*omniprésence de la nature humaine de Jesus-Chrift.* Le Docteur veut donc une omniprefence de la nature humaine de Jefus-Chrift, c'eft-à-dire, que cette nature humaine foit par tout. Il le veut, & apparemment il voudroit qu'on le crût. Mais la parole de Dieu ne le veut pas. Cette parole nous apprend que l'Homme-

Dieu eft monté au Ciel, &
qu'il en reviendra à la fin du
du monde. Cette parole nous
le repréfente prefque toûjours
dans des lieux differents, tantôt fur la terre, tantôt fur la
mer, tantôt fur les montagnes,
tantôt dans les maifons, dans
le Temple de Jerufalem, dans
le Jardin des Oliviers, dans
l'Euchariftie, fur le Tabor, fur le
Calvaire; là glorieux, icy cru-
cifié. Ne feroit-ce pas un jeu
de mots indigne du Texte fa-
cré, fi Jefus-Chrift en tant
qu'homme étoit par tout, comme il eft par tout entant que
Dieu? Enfin le Docteur veut que
la chofe foit ainfi. Beaucoup de
Lutheriens le veulent; il eft Lutherien; il le veut, il le dit; on a
grand tort de ne le pas croire.
Grand Dieu! où en fommes-

nous , & pour qui prend-t-on des hommes raisonnables ? Si on ne juge pas à propos de parler en Chrétien , du moins que ne parle-t-on en Philosophe ? Suivant cette Foy du Docteur, le Corps & le Sang de Jesus-Christ seroient dans chaque morceau de pain que mangent les Derviches de Constantinople & les Talapoins de Siam : à chaque fois que l'on mange, l'on feroit la Cene : & pourquoy tant de préparations , pour consacrer , pour recevoir ce Corps de J. C. en certains tems ? On se perd dans les absurditez qui suivent d'une telle chimere. Avec tout cela on ose dire froidement que c'est une Doctrine *Ortodoxe & point contraire à la Foy* ; tandis qu'elle revolte également &

la

la Foy & la raifon : On ajoute
qu'à *l'égard de l'Euchariftie , la*
Doctrine de la concomitance du
Sang de J.C. avec fon Corps eft im-
pure , point du tout ortodoxe , &
entierement contraire à la Foy, parce
que, &c. J. C. n'a promis que fon
Corps , quand il a dit, cecy eft
mon Corps. Cela eft vray, & qui
n'en convient pas? Mais ce Corps
eft le même qui devoit eftre livré
pour nous : *accipite & manducate,*
hoc eft Corpusmeum, quod pro vobis
tradetur. S'il eft donc vray que
le Corps qui fut livré pour
nous avoit du Sang , par où en
faire un Corps privé de Sang
dans l'Euchariftie ? Si ce Corps
livré n'avoit pas de Sang, dans
quel fang fommes-nous lavez ?
fi ce Corps eft privé de Sang
dans l'Euchariftie , c'eft donc un
Corps mort ? Si c'eft un Corps

C

mort, comment eſt-il ce même Corps qui devoit mourir? Enfin, on pretend tout reſoudre par une ſeule inſtance, mais inſtance à laquelle il ne faut répondre qu'en commençant par s'écrier : O Cieux, fremiſſez icy d'étonnement! *Obſtupeſcite Cœli* ,, *ſuper hoc?* La nature divine, ,, dit-on, étant unie auſſi avec ,, la nature humaine de nôtre ,, Seigneur par l'union perſon- ,, nelle, cependant cette union ,, ne porte aucune concomitan- ,, ce de la nature divine avec le ,, Corps & le Sang dans le ſaint ,, Sacrement. On en appelle ,à Melancton l'un des plus fameux Docteurs Lutheriens, l'ame & l'Apologiſte de la Confeſſion d'Ausbourg. Il étoit bien éloi- gné d'en avoir la penſée, quand ,, il diſoit : Nous avoüons que

Jerem. 2.

„dans l'efpece du pain eſt con-
„tenu le vray Corps de Jeſus-
Chriſt, & par concomitance "
le Sang, & par conſequent "
tout Jeſus-Chriſt ; de même "
tout Jeſus-Chriſt dans l'efpece "
du vin ; *Fateamur in ſpecie panis
verum Corpus Chriſti contineri, &
per concomitantiam Sanguinem,
adeoque integrum Chriſtum, in
ſpecie vini itidem integrum Chriſtum.* Quel Catholique parla
Jamais plus nettement en faveur de la concomitance ? Il
eſt de certaines veritez, qui
forcent les Heretiques même
d'en convenir, quand ils n'ont
pas achevé de ſe livrer à l'eſprit
d'erreur. Aucune concomi- "
tance de la nature divine avec "
le Corps & le Sang dans le ſaint "
Sacrement. Quel blaſphême ! "
quelle doctrine, qui iroit à ſap-

C ij

per par le fondement tout le
Myſtere de la Redemption du
genre-humain ! car enfin, ſi le
Corps donné dans le ſaint Sacrement, eſt un même que le
Corps immolé ſur le Calvaire,
il n'y a rien de plus divin dans
l'un que dans l'autre. D'où ſe
tire donc tout le merite infini,
le prix ſurabondant, qui nous
a tiré de l'eſclavage du demon,
qui nous a fait enfans de Dieu,
& nous donne lieu d'eſperer un
ſalut éternel ?

III. QUESTION.

ON demande ſi les princi-
paux Docteurs qui eurent
part à la Confeſſion d'Ausbourg
étoient des hommes intelligents
dans l'Ecriture, & qui euſſent
aſſez de probité, pour que l'on
puiſſe s'en rapporter à leurs de-
ciſions.

REPONSE DU LUTHERIEN.

CE n'eſt pas la deciſion des principaux Docteurs de la Confeſſion d'Ausbourg, à laquelle on ſe rapporte ; mais c'eſt uniquement la deciſion de l'Ecriture ſainte.

REFLEXIONS.

A Juger de cette réponſe par les termes dans leſquels elle eſt conceuë, ne croiroit-on pas que les Lutheriens ſont gens preſts à mourir pour l'Ecriture ſainte, qu'ils s'y attachent en tout, qu'ils en tirent toutes leurs opinions, & qu'ils n'en veulent qu'à ceux qui rejettent cette divine & infaillible regle de tous nos ſentimens ?

Mais on demande si les principaux Docteurs de la Confession
d'Ausbourg entendoient l'E-
criture sainte. S'ils l'entendoient,
pourquoy ne pas dire, oüy ils
l'entendoient? s'ils ne l'entendoient pas, pourquoy ne pas
repondre, non ils ne l'entendoient pas? Sans doute qu'en
voicy le Mystere. En repondant
que les principaux Docteurs
de la Confession d'Ausbourg
entendoient l'Ecriture sainte,
on se voyoit perdu; car nous
aurions rapporté les propres paroles de ces premiers preten-
dus Reformateurs: elles se seroient trouvées contraires aux
sentimens de ces nouveaux Reformateurs de la pretenduë Reforme: on leur auroit dit, Méchant serviteur, je vous con-
damne par vôtre propre bouche,

Ex ore tuo te judico, serve nequam.

En difant que ces principaux
Docteurs de la Confeſſion
d'Ausbourg n'entendoient pas
l'Ecriture ſainte, à quoy s'ex-
poſoit-on ? à faire traitter
de chimere cette pauvre Confeſſion d'Ausbourg tant vantée
de ceux qui peut-être ſe font
une Religion de la ſuivre, ſans
s'être jamais donné la peine de
la lire, croïant tout ſur la bonne foy des Miniſtres, pourvû
qu'ils ayent grand ſoin de calomnier l'Egliſe Romaine. Eſt-
il poſſible qu'un ſi grand nombre d'honnêtes gens engagez
par leur naiſſance dans cette
malheureuſe Secte, ne ſe preſ-
ſent pas d'ouvrir les yeux, &
de rentrer dans l'Egliſe de Jeſus-Chriſt a

IV. QUESTION.

ON demande à qui l'on doit s'en rapporter pour le fens des Ecritures ; quand des Docteurs d'une égale érudition & d'une égale probité y donnent des interpretations directement contraires & oppofées les unes aux autres.

REPONSE DU LUTHERIEN.

IL faut diftinguer toûjours les articles fondamentaux de la foy d'avec ceux qui ne font pas fondamentaux , ou qui n'entrent pas dans la Foy. Dans des controverfes qui regardent les premiers , il faut fe rapporter uniquement à la decifion de l'Ecriture fainte, qui s'eft ex-

pliquée avec aſſez de perſpicui-
té. Dans les autres, il faut ſuivre celuy qui approche le plus
de l'Ecriture ſainte, quoyqu'il
ſoit le ſeul de ce ſentiment, &
& le moindre Docteur de l'E-
gliſe: Matt. 11. v. 26.

REFLEXIONS.

N'Embarraſſeroit-on point
le Docteur Lutherien, ſi
on luy demandoit où eſt l'Ecriture qui luy apprend à diſtinguer les points fondamentaux
de la Foy ? Quels ſont ces points
fondamentaux ? à qui il appartient d'en decider ? Si la deciſion en eſt arbitraire ? ſi les Pro-
teſtans ont là-deſſus quelque
choſe de fixe ? Ces queſtions
ne nous écarteroient pas ; elles
ſont tres-naturelles à faire, &

il seroit impossible d'y repondre. Ne nous y arrêtons donc
pas, & suivons les termes de la
réponse comme elle est. Oüy
sans doute, quand l'Ecriture
sainte s'est expliquée avec assez
de *perspicuité*, il faut s'en rapporter uniquement à sa deci-
sion non seulement sur les articles fondamentaux de la Foy,
mais encore sur tous les autres,
fondamentaux ou non. Toû-
jours un plein & inviolable respect, toûjours une entiere &
aveugle soumission à la sainte E-
criture, à la Parole de Dieu. Malheur, anatheme à quiconque ne
s'y rend pas, à quiconque cherche à pointiller pour en corrom-
pre le sens, à quiconque y change, y ajoûte, ou en retranche le
moindre de ces jota qui survi-
vront à l'univers. Mais on vou-

droit bien fçavoir de Mon-
fieur le Docteur, s'il pretend
que l'Ecriture fainte fe foit expliquée avec affez de *perfpicuité*
fur tous les articles fondamentaux de la Foy également. Si
cette *perfpicuité* n'y eft pas à
l'égard de quelques-uns , que
devient fa regle, que devient
fon principe ? Tout eft ruïné.
S'il foûtient qu'elle y eft : d'où
vient donc que tous les Lutheriens , les rigides & les mitigez
ne s'accordent pas même fur les
Livres Canoniques & qui doi-
vent être cenfez Ecriture fainte ? D'où vient que les uns
s'accommodent de l'Apocalyp-
fe, de l'Epître de faint Jacques ;
& que les autres s'en expliquent
du même ton & avec la même
infolence que Luther ? Entrons
dans le fait ; l'Euchariftie n'eft-

elle pas un des articles fondamentaux ? L'Ecriture sainte
s'en est-elle expliquée avec af-
sez de *perpicuité* ? Qu'on faste
icy un effort , qu'on reponde
nettement, qu'on dise oüy , ou
non, suivant qu'on le pense.
C'est la methode de Jesus-
Christ , & parconsequent la
bonne. Si l'Ecriture sainte s'est
expliquée avec assez de *perspi-*
cuité sur l'Eucharistie , pourquoy donc s'advisent les Cal-
vinistes, les Zuingliens, d'en
penser, d'en juger tout autrement que les Lutheriens ? Est-
ce tenebres ? est-ce malice?
Si c'est tenebres , j'ay grand
peur pour la pretenduë *perspi-*
cuité. Car de dire que cette
chere *perspicuité* ne seroit que
pour les Lutheriens , comme
la colonne du desert, qui n'étoit
luminerse

lumineuſe que pour les Iſraëli-
tes, ce ſeroit une petiteſſe,
dont le ſens commun ne s'ac-
commode pas. Si c'eſt malice,
pourquoy tant d'intelligence,
tant de bonne amitié pour des
gens, qu'il faudroit regarder
indiſpenſablement, & aux termes mêmes de l'Ecriture, comme des reprouvez ? *Dans les au-*
tres il faut ſuivre celuy qui appro-
che le plus de l'Ecriture ſainte, quoy
qu'il ſoit le ſeul de ce ſentiment
& le moindre Docteur de l'Egliſe,
Matt. 11. v. 26. Un homme
habile, un homme en place, un
homme deſtiné à inſtruire les
autres tient ce langage ! il l'é-
crit, il le met entre les mains
d'une Princeſſe qui n'aime &
qui ne cherche que la verité,
d'une Princeſſe pleine de lumiere pour diſtinguer le jar-

D

gon d'avec le raifonnement! Il
voudroit l'arrêter dans le party,
il craint qu'elle n'ouvre les
yeux, qu'elle ne luy échappe;
& pourquoy donc ne luy pas
dire des chofes folides? Pourquoy fe flater qu'on l'amufe-
roit comme un vulgaire grof-
fier, avec des paroles en l'air,
qui femblent-dire quelquecho-
fe & qui ne difent rien? Quoy
donc, je verray le moindre
Docteur de l'Eglife feul de fon
fentiment, & il faudra que je
le fuive, & que je me defie des
autres, quand ils feroient plus
grands Docteurs que luy, &
tous d'un fentiment oppofé au
fien? Quel paradoxe! Ofe-t'on
l'avancer dans un païs où il y
a de la Religion & du bon
fens? Si j'en ay un peu de ce
bon fens, devray-je, pourray-

je dans l'hypothefe du Docteur, me déterminer à prendre le party de fa décifion ? Je deviendrois la rifée des honnêtes gens. Si d'un autre côté le bon fens me manque, fi je fuis fans lumiere, fans intelligence, pour entendre par moy-même l'Ecriture fainte, comment veut-on que je démêle celuy d'entre les Docteurs qui en approche le plus ? A ce compte mon ignorance & mon peu de bon fens me donneroient un doctorat furéminent, une finguliere penetration pour juger entre les Docteurs, & donner la palme au plus petit par préference aux plus grands. D'où vient donc que faint Paul n'a pas trouvé dans les Ecritures cette *perfpicuité* que ce Docteur y fuppofe ? D'où vient qu'il a crû qu'il,

falloit un don particulier pour
les bien entendre fans diftinction d'articles fondamentaux,
ou autres? *Alii interpretatio fer-*
monum ; 1.Cor. cap. 12. D'où
vient que ce grand Apôtre demande aux Corinthiens, s'ils fe
croïent tous capables, tous
en droit d'interpreter les Ecritures, *numquid omnes interpre-*
tantur ? Ibid. D'où vient que
faint Pierre en loüant les Epî-
tres de faint Paul declare qu'il
y a des endroits difficiles à entendre, endroits que des hommes ignorants & legers detour-
nent auffi-bien que les autres
Ecritures à de mauvais fens
pour leur propre ruïne? *In qui-*
bus funt quædam difficilia quæ
indocti & inftabiles depravant,
ficut & cæteras Scripturas ad fuam
ipforum perditionem, 2. Petr. c.3.

A ſuivre toutes ces reflexions , où n'iroient - elles pas ? On ne dit rien pour avoir trop à dire ſur la citation du chap. 11. de S. Matth. v. 26. où le Docteur nous renvoye , comme s'il en tiroit la preuve de ce qu'il avance. L'Evangile eſt entre les mains de tout le monde. Qu'on liſe l'endroit , & on verra s'il y a rien qui le favoriſe. Jeſus - Chriſt parle des Phariſiens , des Sages ſuperbes & preſomptueux , qui , aux termes de ſaint Auguſtin , s'étoient rendus indignes de connoître les Myſteres du ſalut. J. C. parle des ſimples , des petits , des ames humbles à qui le Pere Celeſte a revelé ces grands Myſteres. S'agit-il de Docteurs , d'interpretes de l'Ecriture ſainte ? Eſt - il permis de ſe joüer ainfi & des fideles, & de la Foy?

RELEXIONS GENERALES *fur les quatre Réponfes aux quatre Queftions.*

LEs quatre queftions, à quiconque prendra la peine de les bien examiner, paroîtront decifives, pour ou contre le Lutheranifme, fuivant qu'on y aura bien ou mal répondu. Celuy qui a entrepris de le faire, s'eft donné tout le tems qu'il a voulu. Il eft des plus habiles du party. Il eft en fonction. Il a pû confulter & aura fans doute confulté. Il apprehendoit que la Princeffe n'achevât d'ouvrir les yeux, qu'elle ne s'indignât contre l'Herefie, qu'elle ne revint à l'Eglife de Jefus-Chrift,

qu'elle ne fervît d'exemple pour
detromper les autres. Il s'y
fera donc pris en homme pru-
dent ; il aura tout mis en œuvre,
pour répondre de fon mieux.
S'il n'y a rien de jufte, rien de
folide, rien de foûtenable dans
fes reponfes , c'eft une preuve
qu'on ne fçauroit y repondre
folidement. Ce font des faits.
Voilà nos queftions imprimées.
Voilà fes reponfes de mot à
mot : nous en avons l'original.
En impofe-t-on ? élude-t-on ?
Pourquoy ne pas mettre à part
les preventions de la naiffance
& de l'éducation ? Pourquoy fer-
mer les yeux fur le bord du precipice & fe perdre par entêtement , quand la lumiere fort,
pour ainfi dire, du fein des tenebres mêmes , pour montrer la
voye du falut ?

Telles furent à peu prés les
Reflexions du P * * * quand
Madame la Princesse de Wir-
temberg-Montbeliard luy remit
entre les mains, les Réponses
que le Docteur Lutherien venoit
de presenter luy-même à son Altesse. Le tout ensemble luy donna de l'agitation, sans qu'on put
découvrir encore de quel côté
panchoit sa veritable & derniere
resolution : ou pour mieux dire,
elle en devint tout-à-fait indé-
terminée, tout-à-fait irresoluë.

Monsieur le Marquis de
Neelles, vint par hazard dans
l'appartement de la Princesse ;
il s'apperçut du trouble où
elle étoit, & en parut vivement touché. Le P * * * *
ne put se dispenser de luy en
dire son sentiment, & il
auroit peine à exprimer com-

bien il admira la faillie de ce jeune Marquis, qui à l'âge de quatorze ans s'expliqua fur fa Religion avec un zele fans bornes ; proteftant à la Princeffe que s'il étoit déja difpofé à verfer fon fang pour le fervice de fon Roy, il n'en avoit pas une goutte qu'il ne fuft preft de répandre pour les interefts de fa Religion ; qu'il n'y avoit qu'à la bien connoître pour fe fentir déterminé à la fuivre ; & que fon Alteffe ne l'auroit pas plutôt embraffée qu'elle en feroit tout fon trefor. Le jeune Comte de Mailly qui étoit avec fon cher coufin, fit oublier qu'il n'avoit que fept ans, par la maniere dont il entra dans les mêmes fentimens, & s'expliqua du même ton. Ce petit incident réjoüit

la Princeſſe & ne put que luy
faire de bonnes impreſſions.

Le P*** fut obligé de partir le lendemain pour ſe rendre à la celebre Abbaye de
Joüars. Il y reſta prés de trois
ſemaines , pour ſeconder dans
les fonctions de ſon miniſtere
le zele de Madame de Rohan
Abbeſſe & de Meſdames ſes
Religieuſes. Edifié de tout le
bien qu'il découvroit de jour en
jour dans cette ſainte & Royale
maiſon, il n'en penſoit que plus
ſouvent & plus ſerieuſement au
ſalut de la Princeſſe. Il ſouhai-
toit & craignoit tout pour
elle. Le bon eſprit de ſon
Alteſſe luy répondoit de ſa
perſeverance à chercher la verité ; mais une ſi longue abſen-
ce donnoit lieu à de terribles
aſſauts , & laiſſoit l'homme

ennemy en pleine liberté d'é-
touffer le bon grain en femant
l'yvraye. Ce qui raffura le P***
fut la Lettre d'une Dame de
merite, qui avoit lié la partie
& qui avoit engagé les premie- Mad.
res conferences. Cette Dame de la
Cha-
pleine de zele pour tout ce qui boiffie-
re,
regarde les interefts de la Princeffe, luy écrivit que fon Alteffe meditoit & pefoit ferieu-
fement toutes chofes ; qu'elle
marquoit même quelque im-
patience de le revoir, & que
fans perdre tems il devoit revenir. Là-deffus tout Joüars fe
mit en prieres, & promit de
les continuer à l'exemple de
l'illuftre & très-digne Abbeffe.
Le P*** revint & trouva la
Princeffe encore flotante & in-
déterminée. Mais bien loin
d'en eftre furpris, il benit

Dieu , de voir combien son
Altesse avoit esté en garde
contre toutes les machines qu'-
on avoit fait joüer pour la perdre. Elle luy fit l'honneur de
le recevoir avec plus de bonté
que jamais. Cependant l'ouvrage de sa conversion n'avançoit
pas. Elle tomboit d'accord qu'-
elle voyoit bien des choses
suspectes dans la Prétenduë Reforme. Elle avoit le juste mé-
pris , qu'ont tout ce qu'il y
a d'honnêtes gens , pour les dis-
solutions de Luther. Elle avoit
même témoigné depuis long-
temps à des Ministres son é-
tonnement , de ce qu'on avoit
donné au public les ouvrages
de ce malheureux. Mais d'un
autre côté , à force d'entendre
calomnier la Religion Catholique , Apostolique-Romaine,

il

il ne luy étoit pas aifé d'en revenir. Un efprit jufte, un cœur droit, une ame bien placée, ne fçauroit croire qu'on entaffe & qu'on exagere des calomnies, fur tout dans des tems & dans des lieux où l'on fait profeffion d'annoncer la verité.

Il fallut donc en venir au détail & aux preuyes. La Princeffe s'en tint à demander qu'on luy montrât quatre chofes dans les premiers fiécles de l'Eglife, où les Prétendus Reformez conviennent tous, qu'elle étoit pure & fans tache. I. l'adoration de l'Euchariftie. II. La refervation du Corps & du Sang de Jefus-Chrift. III. La verité du facrifice. IV. La Communion fous une feule efpece. On le promit à fon Alteffe ; on eut l'honneur de luy don-

E

ner à lire & de luy expliquer
les endroits décisifs en bonne
compagnie, dans la Bibliotheque des Peres de l'Oratoire,
ruë du Louvre. Elle lut, elle
écouta tout, & ne crut pas
devoir s'en rapporter à des E-
ditions recentes & de Paris,
dont on s'étoit fervy. Pour
ôter ce faux-fuyant, fuggeré
à la Princeffe par les Emiffai-
res de Luther, on eut recours
à la Bibliotheque du Louvre:
on en emprunta pour une œuvre de cette conféquence, des
éditions de Tertulien, de faint
Cyprien, de faint Auguftin,
de faint Ambroife & de faint
Jerôme, & prefque tous im-
primés depuis plus de cent cin-
quante ans, en Angleterre, en
Suiffe, & à Geneve. A ces con-
ditions la Princeffe revint dans

la Bibliotheque de l'Oratoire;
Elle y amena avec son Altesse
un honnête homme bon Lu-
therien , & capable de juger.
Il reconnut les éditions pour
être des meilleures , & peut-
être sera-t-on bien aise de voir
en détail, ce que la pluspart des
Auteurs ne rapportent qu'en
abregé.

PREUVES DE L'EUCHARIS-
tie adorée dans les quatre pre-
miers siécles de l'Eglise.

JEsus-Christ , dit saint Augustin , se portoit dans ses
mains , lors qu'en parlant de
son propre Corps , il disoit cecy est mon Corps , *Ferebatur*
Christus in manibus suis , quando
commendans ipsum corpus suum,
ait, hoc est Corpus meum. Jesus-
Christ nous a donné sa Chair

Aug.
Conc. i.
in P. 33.

E ij

à manger pour nôtre falut; Or perfonne ne mange cette Chair fans l'avoir adorée , *ipfam car-nem nobis manducandam ad fa-lutem dedit : nemo autem Car-nem illam manducat nifi prius adoraverit.* Voila quelle étoit la doctrine, la pratique de l'E-glife , univerfellement reçûë des Fideles au quatriéme fié-cle. J. C. étoit dans l'Eucha-riftie avant la manducation , puis qu'il fe portoit entre fes mains , *Ferebatur in mani-bus fuis.* Perfonne ne mangeoit la Chair de J. C. fans l'avoir a-dorée , *nemo manducat nifi prius adoraverit.* Rien de plus oppo-fé à l'Eglife des premiers fié-cles que le Lutheranifme , où l'on ne veut ny prefence de J. C. avant la manducation , & où l'on s'emporte jufqu'à

Aug. in exp. fup. Pf. 98.

traiter d'idolatrie ce même
culte, cette même adoration,
qu'on ne peut oublier fans peché, à moins de prétendre que
faint Auguftin & toute l'Eglife
n'entendoient pas la Religion
il y a treize & quatorze cens
ans. A l'autorité de faint Auguftin, on pouvoit ajouter celle de faint Ambroife, qui dit
en expliquant le même endroit
du Pfeaume 98. qu'il faut entendre la Chair de Jefus-Chrift
par la terre que Dieu nous
commande d'adorer : Cette
Chair de J. C. laquelle nous
adorons aujourd'huy dans les
Myfteres ; *per terram autem caro*
Chrifti, quam hodie quoque in
myfteriis adoramus. On pouvoit
encore s'autorifer de S. Chry-
foftome dans fa 24. Hom. fur la
1. aux Cor. & rapporter com-

E iij

ment il compare le respect
qu'on doit rendre à J. C. dans
l'Eucharistie, avec celuy que
les Mages luy rendirent dans
l'étable de Bethleem, quand
ils se prosternerent en terre
pour l'adorer. On pouvoit se
servir des propres termes de
l'Ecriture, du respect rendu à
l'Arche d'Alliance dans l'ancien Testament, pour donner
un nouveau jour à la même
verité ; produire non pas un
peuple grossier, mais toute l'é-
lyte d'Israël, Josué à la tête,
tous prosternez pendant plusieurs heures, la face contre
terre devant cette Arche du
Seigneur, *pronus in terram coram*
arca Domini usque ad vespe-
ram, Jos. cap. 7. & de là con-
clurre qu'elle est l'adoration
qu'exige l'Eucharistie, dont

l'Arche d'Alliance n'étoit qu'-
ne simple figure. Mais la Princesse se répentit presque d'a-
voir douté sur ce point. Sa penetration luy fit voir tout d'un
coup la chicane du parti ; &
convenant que la présence réel-
le une fois reconnuë, il n'étoit
pas du bon sens de contester
l'adoration ; son Altesse souhai-
ta que sans s'arrêter plus long-
tems à cet article, on en vint à
celuy de la Reservation ; c'est-
à-dire, qu'on luy fit voir avant
le cinquiéme siécle , l'Eucharistie reservée dans l'Eglise
hors le tems de la celebration
des mysteres. Il étoit juste d'y
satisfaire ; & on le fit à l'in-
stant.

PREUVES DE LA RESERVA-
tion de l'Euchariftie aprés la celebration des Myfteres.

UNe preuve conftante &
trés-folide de cette Refervation, fe tire de la quatriéme
Lettre de faint Jerôme, dans
laquelle écrivant à Ruftique,
aprés luy avoir donné plufieurs
excellentes regles pour mener
une bonne & fainte vie ; fur la
fin de cette même Lettre, il
luy parle de faint Exupere Evêque de Touloufe, & luy en fait
l'éloge en ces termes : Ce faint
Evêque imitoit la veuve de
Sarepta ; il nourriffoit les autres, étant luy-même dans le
befoin, & avec un vifage que
le jeûne faifoit pâlir, peu fenfible à fa propre faim, il reffen-

toit vivement celle des autres, & donnoit tout à ceux
qu'il regardoit comme les en-
trailles de J. C. Rien de plus ri-
che que celuy qui portoit le
Corps du Seigneur dans un panier d'osiers, & son Sang dans
du verre : *Vidua Sareptensis imi-*
tator, esuriens pascit alios ; &
ore pallente jejuniis, fame tor-
quetur alienâ ; omnemque sub-
stantiam, Christi visceribus ero-
gavit. Nihil illo ditius, qui cor-
pus Domini canistro viminco,
sanguinem portat in vitro.

Saint Exupere portoit le
Corps du Seigneur dans un panier d'osiers & son Sang dans
du verre ; tant il s'étoit appau-
vry pour secourir les pauvres,
n'ayant pas même reservé le
moindre vase tant soit peu
precieux, pour y mettre &

porter le Corps & le Sang de J. C. On le refervoit donc dans le quatriéme fiécle , puifque ces deux grands hommes y fleurifloient. Cette pratique même ne venoit pas d'eux : rien ne porte à croire qu'ils en fuflent les auteurs. Tout dicte , tout perfuade ; que cette Refervation étoit un ufage receu & autorifé comme déja trés-ancien. Ufage même jugé trés-important & trés-neceflaire à entretenir , puifque ce grand faint fe refolut de fe fervir de chofes aufli viles que du verre & un panier d'ofiers pour referver le Corps & le Sang de Jefus-Chrift , plutoft que de ne les referver pas. Eft-ce fur ce plan que dogmatifent les Lutheriens ; eux qui aprés leur prétenduë Cene achevée , ne content pour rien tout ce qui en reste , & l'abandonnent au premier venu, quoy qu'ils l'eussent consacré , ou pour mieux dire, quoy qu'ils se fussent imaginé de le consacrer ? La Princesse s'en étoit apperçûë plus d'une fois , & elle avoit commencé d'en estre scandalisée, lors même qu'elle étoit encore Lutherienne.

Veut-on un témoignage de l'Eglise Grecque , comme de l'Eglise Latine , pour achever de confondre l'heresie sur ce point ? Qu'on life la vie de S. Basile Archevêque de Cæsarée en Capadoce , écrite par saint Amphiloque Évêque du même siécle ; on y verra les préparations admirables de ce grand Archevêque pour offrir à Dieu le Sacrifice non sanglant; *ut suis ipse verbis incruentum Deo sacrificium offerret.* On y verra de quelle maniere il partagea l'Euchariſtie en trois portions, l'une qu'il prit avec beaucoup de crainte & de veneration, *unam quidem cum multo timore & veneratione sumpsit :* L'autre qu'il reſerva pour eſtre enſeve-lie avec luy aprés ſa mort, *alteram vero unà secum sepeliendam servavit :* Enfin la troiſiéme qu'il ſuſpendit dans une Colombe d'Or audeſſus du ſaint Autel, *tertiam denique in Columba aurea depositam desuper sacrum altare suspendit.* Voila deux coutumes dans l'Egliſe Grecque de ce temps-là, l'une d'enſevelir avec les morts du moins quelque particule de l'Euchariſtie, l'autre d'en re-ſerver aprés le ſacrifice non ſanglant fanglant. La premiere de ces deux coutumes, fut rejettée par le troisiéme Concile de Carthage : la seconde a toujours subsisté : du moins on ne trouvera pas qu'elle ait esté jamais ny deffenduë, ny blâmée. Il ne falloit rien moins que l'audace d'un Luther & de ses émiffaires, pour dogmatifer contre. Voila des faits reveftus de circonftances trés-marquées, foufcrits & rapportez par des hommes éminens en Doctrine & en Sainteté. Que faut-il eftre pour ne s'y rendre pas ?

PREUVES DE LA VERITE'.
du Sacrifice dans l'Euchariftie.

QUe l'on demande à faint Juftin, le premier des Peres Grecs, grand Docteur &

F

fameux Martyr, vers le milieu
du second siécle : qu'on luy demande ce qu'il pensoit de l'Eucharistie, s'il n'y reconnoissoit
pas un sacrifice aussi-bien qu'un
Sacrement. Il répondra dans
son Dialogue sur la verité de
la Religion Chrétienne, que
c'est des sacrifices autrefois of-
ferts par les Juifs, dont Dieu
a dit par le Prophête Mala-
chie : Je ne recevray pas vos
sacrifices ; mais qu'à l'égard des
sacrifices, c'est-à-dire, du pain
Eucharistique, & pareillement
de la coupe Eucharistique que
nous offrons en tout lieu,
nous venus des gentils, Dieu
avoit prédit dessors, que son
nom seroit & glorifié parmy
nous, & prophané parmi les
Juifs. *De sacrificiis olim oblatis*
Deus Dixit per Malachiam, Sa-

crificia veſtra non ſuſcipiam. De noſtris vero gentium quæ in omni loco offeruntur, ſacrificiis, hoc eſt pane Euchariſtiæ & poculo ſimiliter Euchariſtiæ, jam tunc locutus prædixit, nos quidem glorificare nomen ejus, Judæos autem prophanare.

L'Ancien & celebre Evêque de Lyon ſaint Irenée, qui vivoit il y a plus de quinze cens ans, ne s'eſt pas expliqué moins ſolidement ſur le même ſujet. Jeſus-Chriſt, dit ce ſaint Docteur, nous a appris pour le nouveau Teſtament, une nouvelle oblation que l'Egliſe offre à Dieu dans tout le monde, ſuivant l'inſtruction qu'elle en a reçu des Apôtres : *Novi Teſtamenti novam docuit oblationem, quam Eccleſia ab Apoſtolis accipiens in univerſo mundo offert Deo.*

Qu'en a pensé Tertullien, qui vivoit à peu prés dans le même tems ? Voyez son traité sur la Priere : Il le conclut en disant, que pour rendre les Stations plus solemnelles, il faut approcher de l'Autel : *nonne solemnior statio tua erit, si ad Aram Dei steteris ?* Ensuitte pour tranquiliser ceux qui craignoient de rompre leur jeûne en communiant les jours de station, il approuve de prendre le Corps de Jesus-Christ, & de le reserver ; disant que par là on satisfait aux deux, à la participation du sacrifice & à tout ce qui est de la station. *Accepto Corpore Domini & reservato, utrumqne salvum est, & participatio sacrificii & execcutio officii.*

Saint Cyprien n'est pas moins

formel sur le même sujet. Qu'-
on en juge par les termes de
l'histoire que rapporte ce grand
Evéque, l'honneur & la gloire
du troisiéme siécle. Quand le
Prêtre eut achevé de celebrer
le sacrifice , un certain homme dont la conscience, n'étoit
pas en bon état , eut la pré-
somption de se glisser parmy
les autres, pour prendre sa part
de l'Oblation ; mais il ne put ny
manger , ny toucher le saint du
Seigneur ; en ouvrant les mains
il n'y trouva que de la cendre ;
ipse maculatus , sacrificio à Sacer-
dote celebrato partem cum cæteris
ausus est latenter accipere , san-
Etum Domini edere & contrectare
non potuit , cinerem ferre se aper-
tis manibus invenit.

Si nous consultons le quatriéme siécle ; que nous y ap-

prendra faint Auguftin ? Ecou-
tons ce qu'il dit dans fon ex-
» pofition fur le Pfeaume 33. Il
» y avoit autrefois, comme vous
» fçavez, un Sacrifice des Juifs,
» felon l'ordre d'Aaron ; facrifi-
» ce où l'on immoloit des ani-
» maux, & tout y étoit myfte-
» rieux : car on n'avoit pas en-
» core le Sacrifice du Corps &
» du Sang du Seigneur ; Sacri-
» fice qui n'eft pas inconnu aux
» fideles , & à ceux qui ont lû
» l'Evangile ; Sacrifice qui eft á
» prefent répandu par tout l'u-
» nivers ; *erat , ut noftis , facri-*
ficium Judæorum antea fecundum
ordinem Aaron in victimis pecorum,
& hoc in myfterio. Nondum enim
erat facrificium Corporis & San-
guinis Domini , quod fideles no-
runt , & qui Evangelium lcge-
runt ; quod Sacrificium nunc diffu-

sum est toto orbe terrarum. Et ce
qui montre que saint Augustin
parloit du sacrifice de la Mes-
se, c'est que dans la suite du
même discours, ce saint Docteur rapporte à l'humilité de
Jesus - Christ l'avantage que
nous avons de le manger & de
le boire, *nisi enim esset humilis,
nec manducaretur, nec biberetur.*

Voila donc un sacrifice bien
marqué dans l'Eucharistie par les
plus celebres d'entre les saints
Docteurs du deux, trois & quatriéme siécle. Sacrifice trés veritable, puisque Jesus-Christ y
est trés-veritablement present;
mais sacrifice de commemora-
tion, qui ne subsiste que par son
rapport au sacrifice de la Croix
dont il tire toute sa vertu. Sacrifice propitiatoire, en ce que
la presence de Jesus-Christ y in-

tervient pour nous, & repre-
sente à son Pere la mort qu'il a
souffert pour son Eglise. Sacrifice par lequel nous unissant
à Jesus-Christ, nous le pre-
sentons à Dieu comme nôtre
unique victime & nôtre unique
Propitiateur par son Sang, pro-
testant, que nous n'avons rien
à presenter à Dieu qui soit digne de luy que J. C. & les merites infinis de sa mort. Ou est
donc l'impieté qu'on y veut
imputer à l'Eglise Catholique?
Où est l'idolatrie dont on peut
l'accuser? Qui s'en est avisé avant
Luther, & d'où s'en est avisé
Luther luy-même? Il n'y pensoit pas, & de son propre aveu,
c'est le Diable qui luy en ins-
pira la pensée. Cela bien écrit,
bien imprimé à Wittemberg
dans les Ouvrages de cet hom-

me. Il tâcha, dit-il, de refifter au Diable fur ce point, il luy répondit d'abord de fon mieux, & croyoit luy répondre bien ; mais enfin les argumens du Diable devinrent trop forts, Luther demeura muet & fe rendit. La Philofophie de Sathan, voila l'origine des invectives Lutheriennes contre le facrifice de la Meffe. Les Peres de l'Eglife du deux, trois & quatriéme fiécle, voila les témoins, les garands de la croyance Catholique touchant ce tres-faint & tres-redoutable facrifice. Nous aurions pû citer à bon titre fur le même fujet, les Jerômes, les Ambroifes, les Chryfoftomes, les Bafiles, les Gregoires de Nazianze & de Nice ; mais au gré dé Luther, la feule autorité du Pere du

mensonge , vaut mieux que
tous les Peres de l'Eglise. Peut-
on y reflechir sans en estre re-
volté ? Et peut-on trop benir Dieu , quand on a donné
sans presque s'en appercevoir ,
dans de pareilles reveries , &
qu'on vient à ouvrir les yeux
pour reconnoître le peril où l'on
estoit , & où l'on n'est plus. Ou-
vrez-les , Seigneur , ouvrez les
yeux à tant d'aveugles aussi
malheureux que coupables ,
& ne permettez pas qu'un
méchant homme entraine tant
de personnes imprudentes dans
le fond du précipice, où il s'est
abîmé , & precipité luy-même,

PREUVES DE LA COMMU-
nion sous une seule espece.

TOut le monde sçait l'histoire du fameux Serapion;
mais tout le monde n'a pas
sans doute approfondi combien
la preuve en est concluante
pour montrer l'usage de la
Communion sous une seule espece, establi dans les premiers
siécles de l'Eglise. Il est donc
à propos de le rapporter tout
au long, & d'y faire des Reflexions d'autant plus utiles,
qu'elles feront à la portée de
toutes sortes d'esprits & sans
replique de la part des Protes-
tans, s'ils veulent estre de bonne
foy. Voicy le fait. Il est tiré d'u-
ne lettre de saint Denis Evêque
d'Alexandrie, & cette Lettre

eſt rapportée par Euſebe. Il y avoit parmi nous, dit ce grand S. un bon vieillard nommé Serapion, qui aprés avoir long-tems vécu ſans reproche, ſuccomba malheureuſement à la fin de ſa vie, & n'eut pas aſſez de courage pour reſiſter à la perſecution. Revenu de ſa faute il gemit long temps pour rentrer dans l'Egliſe ; mais il ne fut ecouté de perſonne, parce qu'il avoit ſacrifié aux Idoles. Il tomba malade & ſe trouva en danger de mort, juſqu'à n'avoir pendant trois jours ny parole ny ſentiment. Le quatriéme jour ſe trouvant un peu mieux, il appela ſon neveu & luy dit : Mon fils, pourquoy m'arrêtez-vous en ce monde ? Allez vîte, je vous prie, & me procurez ce qui me manque

que , pour partir au plutôt.
Faites venir l'un des Prêtres.
Aussi-tôt il perdit la parole pour
la seconde fois , l'enfant cou-
rut chercher un Prêtre : il étoit
nuit. Le Prêtre ne put venir
étant peut-estre incommodé,
Mais comme j'avois ordonné
(dit saint Denys) qu'on don-
nast les saints Mysteres à ceux
qui se trouveroient en danger
de mort , pourveu qu'ils les
demandassent ; & sur tout s'ils
avoient fait des instances pour
les obtenir , pendant qu'ils é-
toient en santé ; afin qu'ils pus-
sent mourir en paix & avec
esperance du Salut : Le Prêtre
donna à l'enfant quelque petite partie de l'Eucharistie , en
l'avertissant de la moüiller &
de la faire couler ainsi dans
la bouche du Vieillard. L'en-

fant revint & porta cette petite partie de l'Euchariftie. Comme il approchoit & avant qu'il
fut entré dans la maifon avec
ce qu'il portoit, Serapion ayant
recouvré la parole , luy dit :
vous voila donc revenu, mon fils,
hé bien, puis que le Prêtre ne
peut pas venir , donnez-moy
ce qu'il vous a ordonné de me
donner, afin que je m'en aille.
L'enfant prit la parcelle qu'il
avoit apportée, la moüilla & la
fit couler dans la bouche du
Vieillard. Auffi - tôt qu'il l'eut
ainfi avalée peu à peu , il expira.

Voila de mot à mot & dans
toute la rigueur , une tradu-
ction du Grec de S. Denis faite
fur la verfion d'un Anglois Proteftant, imprimée à Geneve, il y
a quatre-vingt-dix ans. Quoy de
moins fufpect du cofté de la tra-

duction & de l'impreſſion ? S.
Denis parle de l'Euchariſtie
ſous le nom de ſaints Myſteres
& de ſaints Myſteres reſervez
pour Communier les malades,
par un ordre exprez qu'il avoit
donné luy même en faveur de
ceux qui avoient apoſtaſié &
qui demandoient la reconcilia-
tion avant que de mourir. Quoy
de plus contraire à ceux qui
ſe trouvent embaraſſez d'une
coutume ſi ancienne & de re-
ſerver l'Euchariſtie & de Communier les malades ? Mais ne
nous écartons pas ; il s'agit de
la Communion ſous une eſpece. Le Prêtre ne donne à l'enfant que l'eſpece du Pain, &
le Vieillard n'avale que l'eſpece
du Pain. L'enfant ne la moüil-
le en la donnant au vieillard
que par la difficulté de la luy

faire avaler autrement, Cela eft
fenfible ; puifque le texte ne
daigne pas dire ny comment,
ny avec quoy l'enfant moüilla
cette efpece; vin ou eau, ou autre
liqueur, cela eft indecis. Il ne
s'agiffoit que de mettre l'Euchariftie en eftat d'être avalée. C'eft
ainfi qu'on parle, ainfi qu'on
raifonne, quand on cherche la
verité pour la trouver & non
pour la combattre. Enfin qu'à
penfé l'Auteur Proteftant qui
a traduit cette Hiftoire dans
Eufebe, qu'a-t-il penfé du fait,
ou pour mieux dire, qu'en-a-t-il
décidé fans y penfer? Qu'en a-t-il
conclu luy même il y a prés de
cent ans ? Qu'on le voye, qu'on
le life, dans cette chere Edi-
dition de Geneve ; qu'on aille
à la Table des matieres; qu'on
y fuive le mot, *Euchariftia* : on

y trouvera en caractères bien
marquez, *Eucharistia jam olim
sub una specie & servata & data*;
C'est-à-dire en bon François,
l'Euchariſtie anciennement re-
ſervée & donnée ſous une eſpece ; le tout avec un renvoy
au Tome premier , page 181,
où eſt juſtement cette même
Hiſtoire de Serapion que nous
venons de rapporter. Dira-t-on
que cela s'eſt fait ſans y penſer ?
cela ſeroit ridicule. Diſons-le
nous-mêmes, cela s'eſt fait ſans
y penſer ; car il y a des cho-
ſes ſi claires , ſi nettes, ſi pré-
ciſes , qu'elles ſe préſentent
d'elles-mêmes ſans qu'on y pen-
ſe. Dira-t-on que la Table n'eſt
pas l'Ouvrage du Traducteur ?
De qui eſt-elle donc ? de l'Imprimeur ? Non ſans doute, il
y a un tour dans cet article , qui

tout naturel, tout fincere qu'il
eft, marque cependant un homme attentif, un homme au fait
& qui en veut donner l'idée. Dira-t-on qu'on a copié cette Table fur les éditions Catholiques?
Mais voudroit-on s'en rapporter
à nos éditions ? De plus qu'on
l'examine & on verra qu'il n'y a
rien de pareil dans les Tables de
nos éditions. Qu'en dire donc,
fi ce n'eft que dans cette occa-
fion, comme en beaucoup d'autres, l'herefie, l'iniquité fe dé-
ment elle-même, *mentita eft ini-*
quitas fibi.

Ce n'eftoit pas feulement aux
laïques que l'on donnoit l'Euchariftie fous une feule efpece ;
c'eftoit aux Prêtres & aux Evêques mêmes qu'on la donnoit
ainfi dans les premiers fiecles,
quand ils eftoient malades &

en danger de mort. La preuve
en est invincible dans la vie de
saint Ambroise, écrite par Paulin son Secretaire , & adreslée
à saint Augustin. En voicy les
termes, & des termes à toute
épreuve , pourveu qu'on n'en
vienne pas à vouloir reformer
la bonne foy, aprés avoir pre-
tendu reformer la Religion. A «
onze heures du matin ou en-«
viron, jusqu'à l'heure de sa«
mort, il ne fit que prier, ayant«
les mains étenduës en forme«
de Croix. Nous voiyons bien«
le mouvement de ses levres,«
mais nous n'entendions pas les«
paroles. Alors Honorat Prêtre«
de l'Eglise de Vercelle, s'é-«
tant retiré dans une chambre«
haute pour y prendre quelque«
repos, il entendit pour la troi-«
sieme fois, une voix qui luy di-«

»foit : Leve-toy , va vîte , il fe
»meurt. Ce Prêtre defcend, donne
»au Saint le Corps du Seigneur ,
»& l'ayant receu , il expire mu-
»ny de ce bon viatique , afin que
»fon ame devenuë plus forte par
»la vertu de cette nourriture, s'al-
»lât rejoüir d'entrer en focieté a-
»vec les Anges dont il avoit mené
»la vie en ce monde, & avec Elie
»dont il avoit imité le zele , l'un
»n'ayant pas été moins intrepide
»que l'autre , quand il s'étoit agi
»de parler aux Roys & à toute
«forte de Puiffances.

Qu'on examine cette tra-
duction fur le texte Latin , on
la trouvera comme celle de S.
Denis fur le fait de Serapion,
exacte jufqu'à la moindre des
paroles de l'auteur. Cela étant ,
je demande I. fi S. Ambroife
paroît avoir Communié fous

les deux efpeces ? il feroit ridicule de le penfer & encore
plus de le dire. Le terme eft
trop net , *il donne au Saint le*
Corps du Seigneur : Obtulit fan-
Eto, Domini Corpus. Je demande
II. fi la Communion de faint
Ambroife ne fut qu'une demi
Communion , en telle forte
qu'on ne luy donnaft que le
Corps de J.C.par faute de temps
pour luy donner auffi le Sang?
Plufieurs Miniftres fe font ha-
zardez de le dire tant bien que
mal. Mais fur quels fondemens
l'ont-ils dit ? Eft-il parlé dans
Paulin de quelque mouvement,
de quelque inquietude , de
quelque regret , de quelque
reflexion , qui donne lieu de
foupçonner la chofe ? Rien du
tout; l'Hiftorien ny penfe pas
même.Bien plus il parle du Saint

par rapport à Elie , & femble
indiquer , que comme l'un avoit
mangé un pain qui le fortifia
pour monter fur la montagne ,
ainfi l'autre prit des forces en
mangeant le Corps de J. C.
comme un bon Viatique pour
aller dans le Ciel fe rejouir a-
vec les Anges, *bonum Viaticum*
fecum ferens , ut in virtute efca
anima refectior, Angelorum con-
fortio.... Latetur. Je demande
III. s'il eut été du moins avan-
tageux à S. Ambroife de Communier fous les deux efpeces ?
un Proteftant repondra fans
doute qu'oüy , & que ce fut un
vray malheur pour le faint
Prelat de mourir n'ayant receu
la Communion que fous la feule efpece du Pain. Mais fur-
quoy établir , fur quoy fonder
cette prétenduë réponfe ? Vo-

yons-nous que quelqu'un s'a-
visa de reprocher quelque ne-
gligence au Prêtre Honorat
qui communia le faint ? Ne
voyons-nous pas l'entier effet
du Sacrement exprimé dans les
paroles de l'Hiftorien , *bonum
viaticum ferens?* De plus il s'a-
git icy d'un miracle , d'une
Communion procurée par une
providence, une attention particuliere du Ciel. Ce fut une
voix d'enhaut , qui avertit cet
Honorat de Vercelle , du danger où étoit faint Ambroife &
de la mort dont il approchoit.
Ce fut l'efprit de Dieu qui
s'en expliqua , qui fit defcen-
dre ce Prêtre , en luy difant;
Leve-toy, hâte-toy, il fe meurt,
Surge, feftina , modò eft receffurus.
Eft-ce donc que ce divin ef-
prit ne fçavoit pas mefurer le

tems ? N'en eft-il pas le difpen-
fateur & le maître abfolu ? S'il
eut donc efté neceffaire à faint
Ambroife, s'il luy eut efté ef-
fentiel de communier fous les
deux efpeces pour bien communier ; comment croire que
celuy qui prévoyoit tout & qui
pouvoit tout, n'auroit pas aver-
ty le Prêtre un moment plutôt ? Comment croire qu'il n'auroit pas rendu le ton de fa voix
efficace, dés la premiere ou feconde fois ; afin qu'il y eut eu
affez de tems pour Commu-
nier ce faint malade fous l'efpece du vin, comme fous celle
du pain : Car la voix miraculeu-
fe fe fit entendre jufqu'à trois
fois, *tertiò vocem vocantis fe au-
divit.*

Enfin il faut ou reconnoître
la Communion de S. Ambroife
fous

fous la feule efpece du Pain, une
Communion fuffifante, fainte,
legitime, agreable à Dieu, où prétendre que Dieu-même fit un
miracle pour autorifer, du moins
indirectement, une chofe défen-
duë, fcandaleufe, & contraire à
fa propre parole. N'eut-il pas efté
plus digne de Dieu, de laiffer
mourir faint Ambroife fans
communion, que de faire un
miracle pour luy procurer la
moitié d'un Sacrement, fup-
pofé que la Communion fous
une feule efpece, ne fût qu'u-
ne moitié de Sacrement, fuivant le fyfteme de la prétenduë
Reforme ? N'eft-il pas plus naturel, plus raifonnable, plus
Chrétien, d'adorer en cecy
comme en toutes chofes, la
conduite de Dieu, de dire &
d'avoüer, qu'il voulut donner

H

à son Serviteur des marques de son amour, en faisant un miracle, pour qu'il ne mourût pas sans Viatique ; qu'ainsi rien ne manqua au Saint pour le recevoir, comme il doit estre receu ; qu'on ne sçauroit manquer en recevant le même Sacrement de la même maniere ; que loin d'être une mutilation de ceremonie aux termes de la Confession d'Ausbourg, *Caremoniæ mutilatio* ; c'est tout au contraire, une coutume non-seulement trés-ancienne, mais encore trés-orthodoxe & trés-conforme à l'intention de Jesus-Christ-même ? Ces Reflexions ne coutent pas à chercher ; elles se presentent d'elle-mêmes ; cependant elles sont décisives, pourveu qu'on y veüille reflechir de bonne foy,

Pourquoy ne s'y rendre pas ? Pourquoy preferer l'imagination à la raïfon ? pourquoy aimer mieux vivre trompé, que de dire je me trompois ? Ne craint-on rien d'un pareil procedé ? On a tant de bon fens pour les chofes temporelles, veut-on y renoncer pour les éternelles ?

Aprés de telles citations & de telles Reflexions, la Princeffe avoüa, qu'elle voyoit ce que jamais elle n'auroit crû fans le voir ; qu'on luy avoit parfaitement tenu parole ; qu'elle convenoit des articles, & que fon efprit étoit rendu ; mais qu'elle avoit encore bien des combats à foutenir dans le cœur ; qu'elle auroit recours à Dieu & qu'elle efperoit trouver dans la Priere une prompte & falutaire refolution.

Revenuë à l'Hôtel de Mailly , & rentrée dans son appartement , elle se sentit comme un
vaisseau flottant livré à la mercy des ondes , qui tantôt s'approche du Port & tantôt s'en é-
loigne : qui dans un moment se
croit sauvé ; qui dans l'autre
craint de perir , & qui n'attend
plus rien que de Dieu seul. Le
soir elle fut au Cours avec une
Demoiselle de qualité d'un bon
esprit & d'un bon cœur. Cette Demoiselle a esté autrefois
Protestante ; elle entend les
matieres , & depuis long-tems
elle se faisoit un capital d'ob-
server , de menager tout , pour
procurer à la Princesse le bonheur dont elle joüit elle-même.
C'est ce qui donna lieu à un
solide entretien & dont la Princesse se trouva beaucoup tran-

Made-
moiselle
de la
Charce
d'Alle-
rat.

quilisée dans l'agitation inte-
rieure où elle étoit.

Le lendemain son Altesse se
rendit aux nouvelles Catholiques. Elle y vit pour la seconde fois ces cheres Sœurs,
charmée de la maniere excellente dont elles répondent au
zele du Roy, & pour la conversion des Demoiselles encore
Protestantes & pour l'instru-
ction de celles qui sont nou-
vellement converties. Ce fut
une sensible joye pour ces Saintes Filles, d'entrevoir les bonnes dispositions de la Princesse;&
elles luy promirent de tout leur
cœur le secours de leurs plus
ferventes prieres. Elle entra
elle-même dans un petit Oratoire qui donne sur l'Autel;
elle s'y trouva à la benediction
du saint Sacrement, pour

H iij

lequel elle se sentoit déja une demy-croyance , s'il est permis de parler ainsi : elle s'excita à une ferveur la plus grande qu'elle eust jamais ressentie : elle se jetta interieurement & toute entiere entre les bras de Jesus-Christ : elle le conjura d'avoir pitié d'elle , de luy marquer sa volonté , de la rappeller de l'égarement si elle y étoit , d'être sa lumiere , & de l'attirer tellement à luy , qu'elle ne fust jamais qu'à luy seul. Une Priere si humble , si vive , & de si bonne foy , ne fut pas sans effet. La Princesse en sortit avec une tranquilité , qu'elle n'auroit osé esperer.

Le Dimanche suivant elle vint aux P.P. de l'Oratoire de la rüe Saint Honoré : elle y entendit prescher le P * * *.

Cette voix ne luy étoit pas inconnüe ; & la matiere sembloit choisie pour une personne qui pensoit deja serieusement à se faire Catholique. C'estoit l'Evangile où il est parlé des loups ravissants deguisez sous la peau des brebis. Elle y trouva des applications naturelles & justes, par raport à son état : elle s'y reconnut pour une brebis long-temps exposée à la mercy de ces loups deguisez : Elle appella tout de nouveau le bon Pasteur à son secours ; & continua de sentir par ce moyen les operations de la grace au dedans d'elle même.

Ayant passé un demy jour si saintement, elle le finit en empruntant la main de Mademoiselle d'Allerat pour declarer par écrit tout ce que

Dieu luy avoit deja mis dans le cœur. Son Alteſſe en remit le billet dés le lendemain entre les mains du P***, & quelle joye pour luy , d'y voir & d'y lire qu'elle demeuroit convain- cuë , ſur la verité d'une ſeule Egliſe Catholique ; ſur l'effica- ce des Paroles de J. C. dans la Conſecration de ſon Corps & de ſon Sang ; ſur la ſainteté de la Communion ſous une ſeule eſpe- ce ; ſur le nombre canonique des Sacremens ; ſur la croyance d'un troiſiéme lieu , qui n'eſt ny le Paradis ny l'Enfer ; ſur l'hon- neur & la veneration que me- ritent les Saints ; ſur le Sacri- fice de la Meſſe ; condemnant , deteſtant toute hereſie , & s'of- frant à ſigner le tout de ſon propre Sang.

Monſeigneur le Cardinal de

Noailles revint à l'Hôtel de
Mailly pour la seconde fois ; &
ce Grand Archevêque fut bien
aise d'apprendre & de voir par
luy-même où en étoit une Con-
verfion fi précieufe & fi chere.
Son Eminence vit la Princeffe,
luy parla avec une nouvelle
force , un nouveau zele , une
nouvelle onction. La Princeffe
y répondit avec une éloquence
de Religion ; c'eft-à-dire , en fe
déclarant fille de l'Eglife & faifant une efpece de premiere
abjuration , par le jour qu'elle
fixa & le lieu qu'elle choifit
pour la faire. Le lieu fut Mau-
buiffon , & tout le monde y
applaudit , tant par refpect pour
Madame l'Abbeffe , que par la
jufte & generale eftime où fe
trouve cette fainte Maifon.

Le P*** partit pour Mau-

buiſſon le lendemain , rendit
compte de tout à Madame
l'Abbeſſe , & la trouva dans
les ſentimens de joye , dont elle
eſt toujours penetrée quand il
s'agit de contribuer au ſalut du
prochain & à la gloire de Dieu.
A ſon retour il eut l'honneur de
revoir la Princeſſe ; & elle luy
parut plus diſpoſée que jamais
à conſommer le grand ouvrage
de ſa converſion. Il luy expliqua combien elle étoit deſirée,
& comment elle ſeroit reçuë à
Maubuiſſon , avec l'illuſtre compagnie qui la devoit ſuivre.
On y arriva le Mercredy , & la
Princeſſe y trouva encore plus
que le P*** n'avoit pû luy
en dire. Charmée de voir &
d'entendre Madame l'Abbeſſe,
il n'en auroit pas fallu davantage pour fixer ſa reſolution ; ſi

elle avoit esté encore irresoluë.
L'Idée, l'entretien d'une si
si grande Princesse, autrefois
Protestante, devenuë Catholique & Religieuse presqu'en
même tems, & ravie de se voir
l'un & l'autre ; quelle éloquence & quel attrait pour gagner
le cœur d'une autre Princesse,
qui avoit déja les yeux ouverts!
Quel sujet d'émulation pour la
faire courir dans les voyes de
la verité !

Elle en donna d'heureux pre-
jugez par son empressement à
tout conclure le lendemain.
La joye parut peinte sur son vi-
sage, & aprés une invocation
solemnelle du S. Esprit, son
Altesse se presenta à la grille
du Chœur & donna une attention toute religieuse au discours
suivant , que luy fit le P***

commis par fon Eminence Mon-
feigneur le Cardinal de Noailles pour recevoir une fi illuftre & fi confolante abjuration.

DISCOURS DU P*** A LA
Princeffe avant fa Profeffion de foy.

DIeu vous a fait de grandes
graces, Madame ; & qu'y
a-t-il que vous ne deviez faire
pour luy en marquer vôtre re-
connoiffance ? J'appelle , Madame, une grace tres-finguliere
les grands exemples au milieu
defquels Vôtre Alteffe eft née
d'un pere & d'une mere
dont la conduite pouvoit être
regardée dans la vie Morale
comme un modele de toutes
les vertus & une cenfure de
tous les vices. J'ay eu l'honneur d'en être inftruit par vous-
même,

même, Madame, quels étoient les fentimens, les principes de probité qui regnoient dans le cœur de ce Prince, quoyqu'élevé hors de la Religion Catholique Apoftolique - Romaine; de quel jufte mepris il étoit prevenu pour la perfonne de Luther ; combien il condamnoit la licence de fes mœurs ; combien il blâmoit l'impureté de fes écrits ; combien il vous laiffa de préjugez pour croire un Pere fi cher & fi pretieux, rappellé par la mifericorde de Jefus - Chrift & rentré dans la veritable Eglife avant que de mourir. N'eft - ce pas luy, Madame, qui avoit jetté dans vôtre efprit & dans vôtre cœur les premieres femences, les premiers mouvemens de l'heureufe Abjuration que Vô-

tre Altesse va faire ? n'est - ce
pas luy qui vous avoit tout
éclaircy, tout decidé en un
sens, lorsqu'il vous asuroit,
Madame, avec une sincerité,
une droiture digne de sa naissance, que les Ministres avoient
eu beau chercher jusqu'à present, qu'ils n'avoient encore
trouvé rien de fort, rien de solide, rien de propre à conten-
ter, au sujet de l'Eglise & de la
succession dans son Gouverne-
ment ? comme s'il avoit prévû
tout ce que le grand Evêque de
Meaux devoit écrire là - desus

II. instr.
Pastor.
sur les
promes-
ses de J.
C. à son
Eglise.

dans ce petit livre qui est entre
vos mains, & que les veritables Sçavans regarderont toûjours, comme un chef-d'œuvre, qui devroit faire ouvrir les
yeux à tout ce qu'il y a de Pro-
testants au monde; les hâter tous

d'abandonner les cisternes bour-
beufes de leurs Herefiarques,
pour revenir puifer dans l'E-
glife de Jefus-Chrift, cette eau
pure & vive, qui rejaillit jufqu'à
la vie éternelle.

Une feconde grace, Ma-
dame , dont vous êtes infi-
infiniment redevable au Seigneur, c'eft de ce qu'il vous a
fait connoître de bonne heure
le neant de toutes les chofes
du monde : de ce qu'il a formé
en vous un cœur humble, pour
le difpofer à devenir Catholique. Et certes, Madame, je
ne crains point de l'avoüer icy
publiquement , dês que j'eus
l'honneur d'entrer en confe-
rence avec Vôtre Alteffe ; dés
que je la vis dans des fentimens
les plus modeftes pour elle-même, fans yeux pour voir ce

que les autres y admirent, j'en auguray ce que nous voyons aujourd'huy : j'en conceus que ce fond, cette premiere femence d'humilité feroit fuivie d'u- de grace extraordinaire qui a- cheveroit de rompre vos liens ; qu'ayant en horreur l'efprit de l'Herefie, qui eft l'orgüeil', le corps ne feroit pas long-tems à détruire ; & qu'en un mot vous feriez bien-tôt Catholi- que.

Une troifiéme grace que Dieu vous a fait , Madame, c'eft de vous preferver contre ce malheureux entêtement, qui fait que la plûpart des Protef- tans, foit Calviniftes , foit Lu- theriens veulent être ce qu'ils font, uniquement, parce qu'ils le font. Efclaves de l'erreur & amateurs de leur efclavage,

aveugles & cherchant à deffen-
dre leur aveuglement, ils trait-
tent d'aveugles, ceux qui mar-
chent dans la lumiere, d'efclaves ceux qui joüiffent de la liberté des enfans de Dieu. Bien
éloignée d'une fituation d'efprit & de cœur fi dangereufe, la
vie de Vôtre Alteffe , Madame, ne fut, pour ainfi dire,
depuis long-tems, qu'une re-
cherche continuelle & fincere
de la verité, par un fimple &
pur amour de la verité même.
Fidele témoing de ce que je
dis, m'avez-vous jamais alle-
gué des occupations, des affaires preffantes , quand je me
fuis prefenté pour avoir l'honneur de vous entretenir ? Ani-
mée d'un preffentiment de
vôtre bonheur, toutes vos autres occupations, toutes vos

L iij

autres affaires difparoifloient,
& vous paroifliez n'en avoir
point d'autres que d'entrer en
éclairciffement, d'examiner,
fuivant la doctrine du grand
Apôtre, la voye dans laquelle
vous marchiez, prête d'en for-
tir, au même inftant que vous
la reconnoîtriez pour ce qu'elle étoit, pour une voye d'erreur.
Heureux ceux ! heureufes celles ! que vous y laiflez, Madame, fi leurs yeux s'ouvroient
comme les vôtres font ouverts ;
fi deciles aux impreffions de la
grace qui les appelle, tous ren-
doient les armes à la verité,
dont les lumieres font fi vives,
fi penetrantes, qu'il faut enfin
ou s'y rendre, ou s'expofer à
une des plus terribles male-
dictions, qui eft de ne voir
pas en voyant, & de tom-

ber à la fin, par les tenebres de l'orgueil, dans des
tenebres d'autant plus hor-
ribles qu'elles seront éternelles.

Une quatrieme grace qui
vous étoit infiniment necessai-
re, & qui vous engage à une
éternelle reconnoissance envers Dieu, c'est, Madame,
cette ferme & courageuse resolution dont il vous a remplie,
pour fouler aux pieds tout ce
qu'il y a de considerations humaines, de vûës prophanes,
d'interests temporels qui pou-
voient vous retenir dans les
voyes de l'erreur. Où en étiez-
vous, Madame, si Vôtre Altesse eût tourné la tête en arriere ; si elle eût refléchy sur la
fausse tendresse de ceux qui ne
connoîtront pas vôtre bonheur,

fur tant de larmes équivoques,
tant de difcours artificieux qui
tendoient à ruiner vos faints &
falutaires projets ? Si Vôtre Alteffe eut temporifé plus long-
tems, fi elle eût encore dif-
puté avec les mouvemens de
ce Divin Efprit qui fouffle
quand il veut & où il veut ; n'y
avoit - il pas lieu de craindre,
qu'en fe retirant de vous, &
vous laiffant à vous - même, le
mal n'en devint incurable,
vôtre égarement fans retour
& vôtre perte moralement infaillible ? Qu'a donc fait en
vous la grace de Jefus - Chrift ?
Elle vous a decouvert le fond
du precipice où vous courriez
fans le fçavoir ; elle vous a mon-
tré dans fon vray jour cette fainte Eglife, dont on vous faifoit
peur par d'affreux portraits,

par de vaines declamations, par
des calomnies atroces, contre
tout ce qu'il y a de plus vene-
rable, de plus augufte & de
plus faint, quand on le regarde
avec un œil de juftice & de Religion. Cette grace enfin vous
a raffermie contre tant de chofes qui vous faifoient fremir:
& que fçavons-nous, Madame,
fi le Pere des Mifericordes n'a
pas deftiné vôtre exemple pour
ramener à la Foy ortodoxe
tant de perfonnes qui vous
font fi cheres par les nœuds du
fang, par les liaifons d'une
amitié reciproque ? Que fçavons-nous fi en vous entendant
parler de la veritable Religion
telle qu'elle éft, chacun ne
s'empreffera pas de revenir à
elle, indigné contre ceux qui
la defiguroient, par ignorance ou
par malice ?

Enfin, Madame, je ne sçaurois
me dispenser de mettre au nombre des graces que Dieu vous
fait en ce jour, celle de revenir au bercail de Jesus-Christ,
dans cette sainte Maison. L'illus-
Abbesse qui vous en a ouvert la
porte, vous a ouvert son cœur
en même temps : vous y avez
trouvé une tendresse de Mere ;
les sentimens d'une pieté la plus
solide, les pratiques d'un Evangile qui n'a rien de mitigé ; une
Princesse dont la naissance ne
peut ceder qu'à sa propre vertu;
qui ne paroist au dessus des
autres, que pour en etre plus
humble ; qui par le vuide où
elle est d'elle même, remplit
tous ceux qui ont l'honneur de
l'approcher ; qui se trouve à
tout, qui soutient tout dans un
âge de plus de quatre-vingts ans,

fans rigueur pour les autres, fans pitié pour elle même, fortifiant fon zele a mefure que fes forces diminuent, oubliant qu'elle eft Abbeffe pour penfer qu'elle eft Religieufe ; ne fe diftinguant de fes cheres filles que par un faint eloignement de toute diftinction ; allant au dela de fes obligations & craignant de n'en remplir aucune ; faifant toutes chofes & prétendant qu'elle ne fait rien. Vous L'avez vû, Madame, & en le voyant vous n'avez pas été furprife de trouver tant de picté, tant de regularité, tant d'amour de Dieu dans une maifon gouvernée par un chef de ce Caractere. Vous aurez, Madame, la joye d'en entretenir la Reine des Romains ; vous la feliciterez d'avoir une Tante, d'un caractere fi

grand & fi religieux ; vous luy
parlerez de ce cher Mau-
buiſſon, ou ſa Majeſté a été
fi Chrétiennement élevée ;
vous luy direz comment les
Roys & les Reines, ſon Alteſſe
Royale Madame, Madame la
Princeſſe & toutes les Auguf-
tes Princeſſes de ſa maiſon, ne
ſe laſſent pas de venir s'y édifier, s'y rejouir de tout le bien
qu'elles y voyent & remercier
Dieu de toutes les benedictions
qu'il y verſe ; vous en empor-
terez pour vous-même, Madame, une ſurabondance deſtime
pour la vertu, une nouvelle aſſu-
rance d'être dans la bonne voye,
une ſainte envie d'y courir à
grands pas, & de vous rendre
de plus en plus une Catholique
auſſi bonne, auſſi parfaite, que
vous l'eſtes de bonne foy.

Aprés

Aprés tant de graces Madame , quels font vos devoirs ?
Le premier eft de ne jamais
oublier la prédilection de J. C.
pour vous. Car il s'en faut bien,
Madame, qu'il ait ainfi traité
& toutes les nations en general , & tous les Proteftans en
particulier. Combien (pour
parler avec un excellent con-
vetty de nôtre fiécle) combien
qui tombent & que Dieu laiffe
tomber dans un tel aveuglemét,
qu'ils n'auroient en tefte que
de ramener dans la Religion,
cette Anarchie dangereufe des
premiers fiécles d'Ifraël ; Ils
donnent le nom d'Eglife &
d'Eglife de Jefus-Chrift à quel-
ques Pelotons de Sectes ; ils
font leurs Loix, de leurs pré-
ventions ; ils s'applaudiffent de
leur Schifme ; ils fe glorifient

M. Me-
ret de la
Fayolle,
Avocat
en Parle-
ment ,
Ancien
& Secre-
taire de
plufieurs
Eglifes
Préten-
duës Re-
formées.

K

de leur aveuglement ; ils donnent à leur opiniâtreté le nom
de conftance ; ils regardent comme la vertu heroïque des Mar-
tyrs , ce qui eft le dernier vice
des méchans ; ils aiment mieux
irriter la colere de Dieu comme Pharaon ; que de fléchir fous
la main du Seigneur , comme
Jofaphat. Dieu pourroit , Madame , leur faire la même grace qu'à vous ; il pourroit leur
ouvrir les yeux , les ramener
aux grands principes , les confondre dans leurs préjugez , &
les convaincre qu'ils ont pris
l'ombre pour le corps , le phan-
tôme pour la verité. Il le pourroit faire. Cependant il ne le
fait pas ; il les laiffe eveloppez
dans leurs propres tenebres ;
il ne daigne pas troubler leur
fauffe paix , & il fouffre en fi-

lence tous les excez de leur
égarement. Penſez-y donc, Madame, & en tremblant au ſeul
aſpect du paſſé, prenez de telles
reſolutions pour l'avenir, que
vôtre reconnoiſſance envers
Dieu, l'engage non-ſeulement
à vous continuer, mais encore
à vous augmenter de plus en
plus toutes ſes graces.

Je vous le propoſe, Mada-
me, comme le ſecond de vos
devoirs. Et certes que ſervi-
roit-il de penſer à la prædilec-
tion de Jeſus-Chriſt pour
vous, ſi tout ne ſe terminoit
qu'à une ſterile & ſimple ſpe-
culation, ſans en venir à de
ſinceres & ſolides effets ?
Que ſont, Madame, que ſont
devant Dieu toutes les bonnes
œuvres que vous avez faites
& pû faire juſqu'à preſent ? Tout

au plus on en peut dire ce que
saint Auguſtin diſoit des vertus de ces anciens Philoſo-
phes, de ces venerables Romains qui faiſoient l'ornement
de leur patrie & de leur ſiecle.
C'étoient de grands pas, de
fameuſes demarches ; mais ces
pas , ces demarches ne pou-
voient conduire au terme, parce qu'elles étoient hors la voye
qui y conduit, *Magni paſſus ,*
ſed extra viam. Ainſi , Madame, qu'il n'y ait jamais eu de
Princeſſe plus reglée , plus
genereuſe , plus charitable
plus prudente , plus attenti-
ve ſur elle-même que vous ,
je le veux , je le crois ; & telle
eſt la juſtice que vous rendent
par leurs témoignages tous ceux
qui ont l'honneur d'être connus de vous. Mais enfin vous

n'étiez pas dans la voye de la
verité. Vous étiez tout ce qu'on
pouvoit être de meilleur devant les hommes, & vous n'é-
tiez pas, ce que vous deviez
être devant Dieu , autant de
tems que vous n'avez pas été
Catholique. Vous la devenez
aujourd'huy , Madame , & il
s'agit de reparer le tems perdu,
comme parle l'Apôtre dans une
autre occasion. Le tems est
court & tout moment est precieux, quand il n'en faut qu'un
pour decider d'une éternité.
Menagez-les donc tous, Madame , menagez-les ces precieux moments , & donnez à
vôtre sanctification, ceux que
mille gens prodiguent à tant de
riens entassez les uns sur les
autres ; donnez à vous sauver
le tems, qu'ils employent à se

perdre. Mais n'oubliez pas , Madame , un troisieme chef, un troisieme point de vos obligations.

C'est d'entrer dans les sentimens d'une charité vive & sincere, pour ceux & celles qui restent aprés vous & autour de vous dans des voyes d'égarement & d'erreur. Et certes, Madame, s'il n'y a rien de plus criminel devant Dieu que de contribuer à la perte des autres ; s'il vaudroit mieux être precipité dans la mer , que d'être une pierre d'achopement au moindre des plus petits qui croyent en Jesus - Christ ; si on en doit rendre un compte des plus terribles au grand jour du Jugement : par la raison des contraires , est-il rien plus parfait ? est-il rien plus agreable à

Dieu, que de partager le zele de Jesus - Christ, d'entrer dans ses desseins , & de contribuer au salut de ceux pour qui il a donné son Sang & sa vie ? Ainsi, Madame, figurez - vous que cet adorable Sauveur vous dit aujourd'huy, comme il disoit autrefois à saint Pierre ; *Aprés vôtre conversion, n'oubliez rien de tout ce que vous pourrez faire pour celle des autres :* Expliquez-leur Madame , quels sont les doutes qui vous ont dabord fait soupçonner la fausseté de la pretenduë Reforme ; racontez-leur l'accroissement des lumieres qui ont peu à peu dissipé les tenebres dans vôtre esprit; developez - leur les argumens, ausquels vous vous êtes renduë , n'ayant trouvé rien de solide à y repliquer ; parlez-leur de la joye, de la paix intericure que Vôtre Alteffe a commencé de reffentir dés qu'elle a commencé d'ouvrir les yeux.

En le faifant, Madame, & en faifant tout le refte, étu- diez-vous à le bien faire ; & pour y reüffir, impofez-vous une quatrieme obligation, qui fera de n'avoir jamais que Jefus- Chrift devant les yeux. At- tentive aux moyens de luy plaire ; convaincuë que vous ne fçauriez jamais répondre parfaitement à toutes les de- marches, à toutes les effufions de fa bonté pour vous, faites de vôtre mieux tout le bien que vous ferez ; faites en le plus que vous pourrez, & vous trai- tant toujours de fervante inuti- le, ne croyez jamais en avoir

affez fait. Tel eft l'efprit de
l'Evangile ; telle a été la pratique de tous les Saints ; & nous
ne fçaurions arriver au même
terme, qu'en fuivant la même
voye. Là-deffus, Madame,
j'ay l'honneur de connoître vos
fentimens ; vôtre efprit va plus
loing que mes paroles, vôtre
cœur previent jufqu'à mes pen-
fées, & vôtre zele voudroit aller
au-delà de vos obligations.

Enfin, Madame, que vous
diray-je en finiffant, & par où
finiray-je tout ce difcours ? Je
vous regarderay avec les mêmes
yeux & le même efprit que S.
Paul regardoit Timothée ; je
vous tiendray le même langage
qu'il luy tenoit, aprés luy avoir
donné des avis les plus impor-
tans, pour réuffir dans le travail
de fa propre fanctification, en

travaillant à celle des autres :
Soyez forte & courageuse dans les
glorieux combats que vous aurez
à soutenir pour la foy. Certa bonum certamen fidei. Le pere du
menfonge ne manquera pas d'é-
miffaires pour vous troubler,
s'il fe pouvoit, par de vaines
chimeres, dans vos plus faintes
refolutions. Que ne vous dira-
t-on pas pour vous faire tourner
la tête en arriere ; pour vous
infpirer du regret, du faux repos de l'Egypte ; pour vous re-
jetter dans ce trifte & malheureux efclavage, dont la grace de
Jefus-Chrift vous a délivrée ?
Que de calomnies nouvelles
n'inventera-t-on pas , contre la
Religion , pour vous en dimi-
nuer l'eftime ? On en viendra
peut-eftre jufqu'à traiter hardi-
ment d'un fcandale criminel,

ce qu'on devroit & admirer &
imiter en vous, Madame, comme une action la plus édifiante & la plus exemplaire de vôtre vie. On traveſtira vôtre courage en foibleſſe, vos lumieres
en illuſion, vôtre droiture en
ſimplicité, & peut-être fremi-
ra-t-on de ne pouvoir vous imputer aucune vûë d'intereſt.
A tout cela, Madame, que fe-
rez-vous? Declarée pour la verité, vous ferez voir ce que
vous eſtes, vous rendrez à Dieu
la gloire qui luy eſt dûë, & ſans
vous en tenir à combattre comme Timothée, vous tirerez
du combat un nouveau courage comme ſaint Paul, qui n'é-
coutoit les reproches, les in-
ſultes des Juifs, que pour en
prendre un aſcendant plus E-
vangelique ſur eux, pour les

confondre avec plus de force
& triompher de leur malice avec
plus de succez, *multo magis con-*
valescebat & confundebat Judæos.
Pour vous y porter, pour vous
y soûtenir, Madame, envisa-
gez la vie éternelle, où vous
estes appelée par cette sainte
& divine profession de Foy que
vous allez faire, en présence de
plusieurs témoins, suivant l'ex-
pression de S. Paul à son cher
Timothée, *Apprehende vitam*
æternam in quâ vocatus es & con-
fessus bonam confessionem coram
*multis testibus,&c.*Fuyez les nouvelles inventions de l'esprit hu-
main, les nouvelles fictions,
les disputes, les argumens d'u-
ne présomptueuse sagesse qu'on
ose nommer science & qui n'en
a que le nom, *devitans prophanas*
vocum novitates & oppositiones falsi
nominis

nominis scientia. Enfin souvenez-
vous , Madame , que vos An-
ceſtres ont donné à l'Egliſe
des Evêques , des Cardinaux ,
& deux Papes ; qu'il n'y aura
point de gloire plus ſolide pour
vous que de redonner à vôtre
Maiſon ce beau luſtre de verité & de Religion , qu'elle avoit
eu ſi long - tems. Entrez-y
dans cette penſée , Madame,
entrez-y dans cette reſolution.
Quels treſors n'y trouverez-
vous pas, & de grace pour le
tems , & de gloire pour l'é-
ternité !

SENTIMENS ABSURDES ET *ſcandaleux malicieuſement im-putez aux Catholiques.*

Aprés le Diſcours préce-
dent , le P*** crut qu'il

étoit à propos de repasser en
abregé sur les calomnies dont
on avoit voulu prévenir l'esprit
& le cœur de la Princesse contre la Religion Catholique ; &
c'est ce qui luy donna lieu de
continuer en s'adressant à son
Altesse & luy disant.

On nous impute, vous le
sçavez, Madame, & que ne
vaut pas icy un témoignage
comme le vôtre ! on nous impute d'avoir défiguré toute la
face de l'Eglise ; d'avoir essayé
de renverser le saint édifice fondé sur la doctrine de J. C. &
sur la foy des Apostres ; d'avoir
élevé une espece de nouvelle
Tour de Babel, par une con-
fusion d'amusemens, de cere-
monies, de pratiques scandaleu-
ses ; d'avoir basti, sur la pierre
fondamentale, non avec de l'Or,

de l'Argent & des Pierres pré-
cieufes , par un vray culte Religieux , mais avec du bois, du
foin & de la paille , par un
fatras de vaines & infoutena-
bles fuperftitions.

On nous impute d'avoir mis
le Pape à la place de Jefus-
Chrift , d'attribuer à l'un, ce
qui n'appartient & ne peut ap-
partenir qu'à l'autre , de luy
rendre les hommages qui ne
font dûs qu'à Dieu feul, & de
ruïner par là toute la Religion.

On nous impute d'aneantir
la penitence & les bonnes œuvres, par la multiplication de
nos Indulgences & de nos Jubilez ; en telle forte qu'apre-
fent les fidelles peuvent laiffer
leur efprit & leur cœur en repos fans les fatiguer par des fentimens d'humiliation & de com-

ponction , qu'exigeroit la loy
du tres-haut, mais que Rome
n'exige pas.

On nous impute d'attribuer
aux Indulgences le pouvoir de
remettre les pechez, avant même
qu'ils soient commis; d'introdui-
re par là un triste relâchement
dans les voyes du salut ; d'au-
toriser une licence fatale, &
d'endormir les pecheurs dans
l'état du peché , sous pretexte
de les en retirer.

On nous impute d'abandonner
la parole de Dieu pour nous
livrer à des traditions humaines,
malgré tous les reproches que
le Sauveur en faisoit aux Juifs;
d'engager ainsi les peuples à
perdre l'Evangile de veüe , &
renoncer à l'étoile fixe, pour ne
suivre que de vaines & inconf-
tantes lueurs.

On nous impute de rendre aux Saints un culte qui n'eſt dû qu'à Dieu, d'y établir notre principale confiance, de rapporter notre ſalut uniquement à leur invocation, d'en faire nos mediateurs principaux, ſans compter ſur la mediation de J. C. Juſqu'à ne connoiſtre presque plus l'honneur qui eſt dû au maiſtre, à force de vouloir honorer les ſerviteurs.

On nous impute d'affoiblir les merites de la paſſion & de la mort de Jeſus-Chriſt par le merite des bonnes œuvres; par une injuſte & preſomptueuſe idée de pouvoir faire quelque bien par nous mêmes; comme ſi ce n'eſtoit pas Jeſus-Chriſt, qui fait tout en nous & par nous.

Voila, Madame le Plan

qu'on vous avoit tracé de la religion Catholique Apostolique-Romaine. Voila du moins une partie de ce qu'on luy impute; mais voila en même temps, ce que nous appellons tous dans cette sainte religion, des horreurs, des absurditez, que chacun de nous fait profession de detester, d'anatematiser, comme je les deteste & anatematise au nom de tous, la main sur les saints Evangiles & à la face de l'Autel.

VRAIS SENTIMENS DES Catholiques.

COmment donc, comment regardons nous l'Eglise? Nous la regardons comme la colomne & le ferme appuy de la verité; comme une Ville bastie sur le haut d'une Mon-

tagne , & ville qui ne peut
être cachée ; comme une forte-
reſſe à l'épreuve des aſſauts
de l'enfer ; comme une armée
rangée en bataille pour combattre & repouſſer toutes les hoſti-
litez de chaque hereſie ; comme
un corps que le Seigneur a a-
nimé de ſon eſprit, éclairé de
ſes lumieres & enrichi de ſes
graces ; comme un peuple de
prédilection que ſon ſouverain
n'abandonne jamais ; comme
un edifice fondé ſur J. C. &
cimenté de ſon propre ſang ;
comme un troupeau qu'il a
confié à la vigilance du bon
Paſteur, qui le cherit & le pro-
tege contre la rage des loups ;
comme un vaiſſeau toujours
agité ſans jamais faire naufrage ;
comme un Royaume qui a ſes
loix bien differentes de celles du

monde; comme une Epouse infiniment chere, infiniment precieu-
se à son divin Epoux. Pleins de
toutes ces idées que la parole de
Dieu nous donne de l'Eglise,
nous respectons tout ce qu'elle
dit ; nous croyons tout ce qu'elle
enseigne ; nous nous rendons
à tout ce qu'elle ordonne;
nous recevons l'Ecriture de sa
main ; nous l'entendons comme
elle l'entend ; nous pensons,
nous parlons, nous agissons;
comme elle pensoit , comme
elle parloit , comme elle agis-
soit dans les premiers siécles. Ennemis des nouveautez nous plai-
gnons l'aveuglement des nova-
teurs, qui voudroient arracher a
cette sainte Eglise les principaux
caracteres que luy donne le
texte sacré , en faire un pelotton
de gens ensevelis dans des tene-

bres les plus épaisses, une ville
renversée par ses propres habi-
tans, un vaisseau sans Pilotte, &
submergé pendant plusieurs siécles , un troupeau en proyo
à des loups ravissans, une cita-
delle à la discretion de tous ses
ennemis, l'épouse d'un époux
tout bon & tout puissant, mise
en oubly, depuis plus de douze
& treize cens ans.

Comment regardons-nous le
Pape ? Comme il se regarde
luy méme, comme le serviteur
des serviteurs de Dieu ; mais un
serviteur dont J. C. fait son Vi-
caire, comme S. Pierre l'étoit ; un
serviteur à qui il a donné la
Primauté de Puissance dans
toute l'Eglise ; qu'il a établi
comme le centre de l'unité, où
toutes les lignes aboutissent ;
par qui il entretient dans son

Eglife cette fubordination que
recommande l'Apôtre , & fans
laquelle s'enfuivroit une Anarchie également dangereufe
devant Dieu & devant les
hommes. Nous luy rendons
des hommages & des ref-
pects finguliers , parce qu'il
nous reprefente J. C. le vray
Prêtre felon l'ordre de Melchi-
fedech, le Grand & Souverain
Pontife de toute la Religion.

Comment regardons - nous
tout ce qu'il y a d'Indulgences
& de Jubilez, par rapport à la
penitence & aux bonnes œuvres ? Toujours comme des fup-
plémens de nôtre impuiffance,
comme des fecours de nôtre
foiblelle ; jamais comme des
difpenfes d'un cœur contrit
& humilié ; jamais comme
une remife ny des bonnes

œuvres , ny d'un esprit de
mortification , qui doit , suivant les principes de saint
Paul, nous accompagner jusque
dans le tombeau. Nous les regardons comme des tems de fa-
veurs , comme des condescen-
dences misericordieuses,comme
des surabondances de graces;
mais avec une entiere & formel-
le exclusion pour quiconque n'a
pas cet esprit de componction,
cette douleur veritable & sincere, qu'on nous reproche d'a-
neantir. Tant nous sommes éloi-
gnez d'en avoir la pensée. Con-
trits, & penitens , *contriti ac pœ-
nitentes* , disent toutes les Bulles
des Indulgences & des Jubilez.

Comment regardons - nous
ces mêmes Indulgences , ces
mêmes, Jubilez par rapport à la
remission des pechez , quand

nous l'avons obtenuë ? Comme une grace tres-facile à perdre, un threfor que nous portons dans des vafes de terre ; comme un privilege que nous pouvons perdre à chaque moment fans affurance de le retrouver ; bien loin que nous pretendions remedier par des Indulgences paffées à des pechez qui ne font pas encore commis. Honteufe fiction des Heretiques, & qui devient l'apologie de la veritable Religion , puifqu'il faut aller ainfi de menfonge en menfonge, pour calomnier ce qu'on ne fçauroit noircir par aucune accufation legitime.

Comment regardons - nous la parole de Dieu écrite, & les Traditions ? Nous regardons la parole de Dieu comme une régle de verité fi fûre , fi conftante

tante, si infaillible, si respectable,
que nous la croyons en tout,
que nous reprouvons tout ce
qui s'en éloigne, que nous con-
damnons & declarons retran-
ché du Livre de vie quiconque
ou retrenche, ou change, ou
ajoûte un seul mot à cette sainte & divine Parole. Nous regardons les Traditions comme
la Parole de Dieu non écrite,
comme d'heureuses ressources
qui servent à nous instruire,
quand l'Ecriture ne parle pas si
expressement, à nous expliquer ce qu'elle dit en abregé,
à nous rassurer sur son veritable
ble sens, &, pour tout dire en
un mot, à nous regler, en ce qui
est de la doctrine & de la morale, sur celle des premiers sie-
cles de l'Eglise. D'ailleurs nous
rejettons tout ce qu'il y a de

M

relations apocryphes , d'ima-
ginations populaires , de Chro-
niques fabuleufes , qu'on qua-
lifie du nom de Traditions pour
nous accufer de les fuivre. Nous
n'admettons que ce qui eft jufte & pefé au poids du Sanctuaire,
ce qui nous vient des Apôtres ,
annoncé, pratiqué par ces grands
Hommes , & tranfmis jufqu'à
nous par le témoignage unifor-
me des plus anciens Peres
Grecs & Latins. Tradition ve-
nerable dans tous les tems , re-
commandée par faint Paul , &
indifpenfable aux Proteftans
mêmes les plus bigearres, for-
cez d'y avoir recours dans le
tems même qu'ils nous blâment
d'y recourir.

Comment regardons-nous
les Saints ? Comme des hommes qui ont vécu en veritables

membres de Jesus-Chrift ; qui
font entrez en poffeffion de la
gloire qu'il leur avoit promife;
qui fe rejoüiffent avec luy &
avec fes Anges , quand nous
nous convertiffons ; qui brû-
lent du même zele & de la même charité pour nôtre falut ;
qui entrent dans tous les def-
feins , dans tous les fentimens
de fon cœur ; qui ne font
qu'un avec ce fouverain Pontife, formant avec luy les mêmes
defirs , & faifant les mêmes
prieres. Nous honorons leurs
Reliques , parce que l'Ecriture nous apprend que Dieu s'en
fert de tems en tems pour ope-
rer de grands miracles. Nous
faifons leurs Panegyriques ,
parce que Dieu veut qu'on
loüe aprés leur mort ceux qui
ont fuy les loüanges pendant

leur vie. Nous conservons leurs images pour nous encourager à suivre leurs exemples. Nous ne les prions de rien que de prier pour nous & avec nous; nous n'en attendons, nous n'en esperons rien que par nôtre Souverain & commun Media-teur Jesus-Christ. Nous ne leur attribüons de lumiere & de connoissance, qu'autant qu'il leur en donne; de charité, qu'autant qu'il leur en inspire, & de pouvoir qu'autant qu'il leur en communique. Nous les faisons invoquer par les Fideles, comme on les a tou-jours invoquez, persuadés que cette invocation est un acte de pieté & utile pour nôtre salut.

Comment regardons-nous enfin les merites de J. C ? Com-me la base, l'essence, la consom.

mation de ce qui opere nôtre falut ; comme ce qui donne tout le
relief, tout le prix, tout le merite
à nos bonnes œuvres, convaincus
qu'il n'y a rien de bon dans les
meilleures mêmes , qu'autant
qu'elles tiennent à J. C. qui en
eft le principe & la fin ; le mo-
tif qui y pouffe , l'ame qui les
dirige , l'objet qui les termine :
qu'en couronnant nos vertus
il couronne fes dons , pour fe
glorifier luy - même un jour,
en nous faifant part de fa propre gloire.

Telle eft, Madame, la diffe-
rence qu'il y a entre les fentimens de l'Eglife Catholique
dans la bouche de fes enfans,
& les fentimens de cette même
Eglife dans la bouche de fes
ennemis. Eglife bien éloignée
d'être une efpece de region af-

freuse, de terre devorante, comme difoient quelques-uns des espions d'Ifraël en parlant de la terre promife ; Eglife toûjours fainte, toujours pure, toujours innocente, fans tache dans fa Doctrine & pleine de vigilance, d'attention , de faintes regles dans fa difcipline , pour fanctifier l'efprit & le cœur de fes enfans.

Ce difcours finy la Princeffe fit fon abjuration conforme à tout ce qu'on luy avoit expliqué, & receut l'Abfolution Canonique de l'Herefie , pendant que tout fondoit en larmes de joye. On chanta le *Te Deum.* Madame l'Abbeffe, & enfuite toutes les Religieufes & toutes les Dames embrafferent la Princeffe nouvelle Catholique , qui ne fe laffoit pas de dire &

de redire à haute voix , qu'elle l'étoit de tout son cœur.

Aprés mille adieux les plus tendres, mille amitiez reciproques , la Princesse prit congé de son illustre Abbesse, la supplia d'être sa Mere, se declara sa Fille, luy demanda le secours de ses saintes prieres, & s'en revint à Paris.

Monsieur le Marquis de Mailly , qui n'avoit pû être de la partie , fut transporté de joye, quand il la revit avec sa nouvelle qualité de Catholique ; il ne put s'en expliquer sans larmes, & sans benir Dieu de ce que sa maison avoit servy pour procurer un si grand bien à une personne qui luy étoit si chere pour le tems , & encore plus pour l'éternité.

La Princesse se pressa d'écri-

re au Roy, & de marquer à sa
Majesté, toute la joye dont elle
étoit penetrée depuis le moment de son abjuration ; tout
le profond respect qu'elle sentoit croître dans son cœur pour
son auguste & Royale personne, depuis qu'elle avoit l'honneur de se voir dans une même
Religion. Le Roy en apprit la
nouvelle avec une consolation
digne du Fils aîné de l'Eglise,
& d'un protecteur qui fait luy
seul pour la Religion, plus que
n'auroient osé entreprendre les
Theodoses, les Charlemagnes
& les Clovis.

Cette Illustre Convertie crut
qu'il étoit de son devoir de faire
part au Pape comme au Roy,
des misericordes dont Dieu l'a-
voit favorisée. Elle le fit par
une lettre dont son Excellence,

Monseigneur le Nonce, voulut
bien se charger. Lettre toute
remplied'une soûmissionexem-
plaire & filiale, d'une veneration la plus parfaite & la plus
profonde pour Sa Sainteté, en
benissant le Seigneur d'avoir
donné à son fidelle Troupeau un
Pasteur, qui par un heureux as-
semblage de toutes les qualitez Apostoliques, fait la consolation & l'admiration de tout
le monde Chrétien.

Enfin le 25. d'Aoust jour de
Saint Loüis , aprés des préparations les plus longues & les
plus serieuses, la Princesse ache-
va ce qui sembloit manquer à
son entiere Conversion, elle receut sous la seule espece du
pain le Corps & le Sang de Jesus-Christ , qu'elle n'avoit jamais reçu, ni pû recevoir dans

N

la pretenduë Reforme, comme
nous l'avons déja remarqué. D'a-
bord son dessein estoit que la
céremonie s'en fist avec quelque
espece d'éclat, dans l'Eglise de
Nostre-Dame, & par les mains
du Grand Cardinal, dont l'é-
minente pieté l'avoit charmée.
Elle avoit même crû devoir cette édification publique à la sainte Eglise qui venoit de la recevoir. Mais son Altesse appre-
henda jusqu'à l'ombre du faste,
dans la participation d'un Sacrement, dont on ne sçauroit approcher avec trop d'humilité.
Elle craignit qu'en cherchant à
édifier les autres, elle n'en fust
elle même moins recueillie. Ainsi elle sacrifia l'inclination à la
devotion ; & se détermina à faire
une action si sainte, dans un lieu
où tout ne pourroit servir qu'à

luy inſpirer un eſprit de recüeil-
lement & de ſainteté. Sçachant
donc toutes les prieres qu'on
avoit fait pour elle dans l'Ab-
baie aux Boix , & d'ailleurs n'i-
gnorant pas tout le merite ,
toute la regularité , qui regne
dans cette ſainte Maiſon , elle
la choiſit pour y recevoir le pain
des Anges la premiere fois de
ſa vie. Madame de Montcavrel
fut ravie de ce choix ; & cette
Abbeſſe dont la ſolide vertu
répond à l'Illuſtre naiſſance, n'ou-
blia rien pour ſeconder les ſentimens de pieté , que Dieu a-
voit mis dans le cœur de la Princeſſe. Tout s'y paſſa d'une maniere ſi édifiante ; qu'il n'y eut
perſonne qui n'en verſât des larmes de joye. Celle de la Princeſſe
fut extreme. Elle s'en expliqua
dés le même jour avec le P. ***.

qui l'avoit communiée & qu'elle
honore d'une singuliere confiance. Elle luy dit , qu'il falloit avoir ressenti sa joye pour
la comprendre ; qu'il n'y avoit
que celle des bien-heureux au
dessus de la sienne ; qu'elle seroit preste à donner mille vies ,
si elle les avoit , pour marquer
à son Créateur , toute l'étenduë
de sa reconnoissance.

Plaise à Dieu de benir son Ouvrage,
& de faire servir une conversion si sincere & si parfaite, à éclairer ceux qui
sont assis dans la region des tenebres,
dans les ombres de la mort. C'est ce
qu'on desire avec ardeur ; ce qu'on demande avec empressement ; & ce
qu'on espere de la Divine misericorde,
à qui seule il appartient de convertir
les esprits & les cœurs.

VEu l'Approbation du Sr PIROT
Docteur de Sorbonne , permis
d'imprimer. Fait ce 30. Aoust 1702.
M.R. LE VOYER DARGENSON.

BREF

DE NOTRE SAINT PERE

LE PAPE

CLEMENS P. P. XI.

DILECTA in Christo Filia, Nobilis Mulier, Salutem & Apostolicam Benedictionem. Gratissimum planè Nobis fuit, eâ voce, à Nobilitate tua compellari, quâ Pastorale officium, quod, licct immerentes, à Deo suscepimus, in persona nostræ humilitatis sciens ac prudens agnoscis, & censeri inter fideles dominici gregis oves, quarum, afflante superni numinis aura,

N. iij

elegisti consortium , supplex expos-
cis. Utrumque igitur munus liben-
tissimo animo prastamus; tibi enim
perpetuo ac sincero paterna nostra
charitatis officio adesse parati su-
mus ; & miserentis Dei benefi-
cium , quo execratis haretica pra-
vitatis erroribus , ad sinum aman-
tissima Matris Ecclesia convolasti,
in te agnoscimus , teque propterea
salutaribus pascuis refici , & cale-
stium benedictionum rore latè per-
fundi enixè cupimus. Dum itaque
tibi ex animo gratulamur tam illustre propositum , quo oculos à te-
nebris ad lucem ; cor à servitute
ad libertatem , animum ab errore
ad veritatem , ad Deum scilicet
ipsum convertisti; erit tua pietatis
tantum munus excolere , ut partum
nobis & universa Ecclesia , Ange-
lisque ipsis in Cælo gaudium ,
Deoque omnipotenti gloriam , con-

ftanti virtutum cultu in dies au-
geas , bonifque operibus certam
femper magis tuam vocationem ef-
ficias ; quod nos affiduis apud
eundem bonorum omnium auctorem
precibus follicitare non pratermit-
temus , in cujus boni aufpicium
Nobilitati tua Apoftolicam Benedictionem peramanter impertimur.
Datum Roma , apud Sanctam
Mariam Majorem , fub annulo
Pifcatoris. Die 12. Septembris 1702.
Pontificatus noftri anno fecundo.

ULYSSES JOSEPH Archiepif.
Theodofienfis.

Et au deffus,

Dilecta in Chrifto Filia , Nobili
Mulieri , Eleonora Carola Prin-
cipiffe de Wirtemberg Montbeliard.

TRADUCTION DU BREF

DE NOTRE SAINT PERE

LE PAPE.

CLEMENT P.P. XI.

ILLUSTRE Princeſſe Noſtre Chere Fille en Jeſus-Chriſt Salut & Benediction Apoſtolique. Nous avons appris avec beaucoup de joye, par la lettre de Voſtre Alteſſe, qu'aprés Vous eſtre pleinement inſtruitte & convaincuë de la verité, vous reconnoiſſez en Nous la Dignité Paſtorale, que Nous avons receuë de Dieu, quoyque Nous en fuſſions indignes ; & que l'Eſprit d'enhaut vous fait ſouhaitter d'estre reçuë parmi les fidelles Brebis du Troupeau de Jesus-Christ. C'est donc de tout nôtre cœur, que Nous Vous accordons ce que vous souhaitez, étant disposez à vous donner en toute occasion, des marques les plus sinceres de nostre affection Paternelle. Nous benissons en même temps la divine misericorde, qui en vous faisant abjurer l'Heresie, vous a fait entrer dans le sein de l'Eglise Nostre tres-chere Mere. C'est par cette même raison que Nous Vous souhaitons avec ardeur toute la solide nourriture de l'ame, & toutes les plus abondantes benedictions du Ciel. Mais pendant que Nous nous rejoüissons avec vous de cette resolution si glorieuse, qui Vous a fait passer des tenebres à la lumiere, de l'efclavage à la liberté, & de l'erreur à la verité, qui eft Dieu-même ; il fera de vôtre Picté de fi bien cultiver une telle faveur, que vous augmentiez de jour en jour, par de continuelles actions de vertu, la joye que Nous en avons avec toute l'Eglife, & avec les Anges mêmes ; & la gloire qui en revient à Dieu tout-puiſſant. Il fera de vôtre picté, d'affermir toujours de plus en plus vôtre vocation par vos bonnes œuvres. C'eſt ce que Nous ne ceſſerons point de demander dans Nos Prieres, à ce même Dieu qui eſt l'Auteur de tous les biens ; & dans l'eſperance de l'obtenir, Nous donnons trés-affectueufement à Vôtre Alteſſe Nôtre Benediction Apoſtolique. DONNE' à Rome, à

Sainte Marie Majeure , fous
l'Anneau du Pefcheur , le 12.
Septembre 1702. de Nôtre
Pontificat l'an 2.

Signé U L Y S S E S J O S E P H
Archevêque de Theodofie.

Et au deffus.

A Nôtre Chere Fille en Jefus-
Chrift , l'Illuftre Princeffe
Eleonor Charlotte de Wir-
temberg Montbeliard,

PERMISSION.

LOUIS PAR LA GRACE DE DIEU, ROY DE FRANCE ET DE NAVARRE, à Nos amez & feaux Conseillers, les Gens tenans Nos Cours de Parlement, Maîtres des Requêtes Ordinaires de Nôtre Hôtel, grand Conseil, Prevost de Paris, Baillifs, Senechaux, leurs Lieutenans Civils, & autres Nos Justiciers qu'il appartiendra, SALUT: PIERRE EMERY l'un des Ajoints de la Communauté des Imprimeurs & Libraires de Paris, Nous ayant fait remontrer qu'il desireroit donner au Public un petit Livre intitulé, *Abjuration du Lutheranisme, par Madame la Princesse Eleonor Charlotte de Wirtemberg Montbeliard, Duchesse d'Olss en Silesie, dans l'Eglise de l'Abbaye Royale de Maubuisson, entre les mains du R. P. David Prêtre de l'Oratoire, le troisiéme Aoust* 1702. S'il Nous plaisoit lui en accorder la Permission & Nos Lettres sur ce necessaires: Nous luy avons permis & accordé, permettons & accordons par ces presentes, d'imprimer, ou faire imprimer ledit Livre, par tel Imprimeur ou Libraire qu'il voudra choisir, en telle forme, marge ou caractere, & autant de fois que bon lui semblera, pendant le temps de trois années consecutives, à compter du jour de la datte des Presentes ; & de le vendre, ou faire vendre & distribuer par tout Nôtre Royaume, à la charge d'en mettre, avant de l'exposer en vente, un Exemplaire en Nôtre Bibliotheque publique, un autre dans le Cabinet des Livres de Nôtre Château du Louvre, & un en celle de Nôtre tres-cher & feal Chevalier Chancellier de France, le sieur Phelyppeaux Comte de Ponchartrain, Commandeur de Nos Ordres ; de faire imprimer ledit Livre dans Nôtre Royaume & non ailleurs, en beau caractere & papier, suivant ce qui est porté par les Reglemens des années 1618. & 1686. & de faire enregistrer les Presentes és Registres de la Communauté des Libraires de Nôtre bonne ville de Paris ; le tout à peine de nullité d'icelles, du contenu desquelles Nous vous mandons & enjoignons de faire joüir l'Exposant, ou ses ayans cause, pleinement & paisiblement, cessant & faisant cesser tous troubles & empêchemens, nonobstant clameur de Haro, Charte Normande, & Lettres à ce contraires. Voulons que la copie desdites presentes, qui sera imprimée au commencement ou à la fin dudit Livre, soit tenuë pour duëment signifiée, & qu'aux Copies collationnées par l'un de nos amez & feaux Conseillers Secretaire, foy soit ajoutée comme à l'Original; Car tel est nôtre plaisir: Donné à Versailles, le 26. Novembre, l'an de grace 1702. & de Nôtre regne le soixantiéme. PAR LE ROY EN SON CONSEIL, LECOMTE.

Regiſtré ſur le Livre de la Communauté des Libraires & Imprimeurs, conformément aux Reglemens. A Paris ce 2. Decembre 1702.

P. TRABOÜILLET, Syndic.

www.ingramcontent.com/pod-product-compliance
Lightning Source LLC
Chambersburg PA
CBHW050014100426
42739CB00011B/2633